Roberto Kiesling - Omar E. Ferrari

GW00362330

100
CACTUS
ARGENTINOS

Roberto Kiesling - Omar E. Ferrari

100 CACTUS

ARGENTINOS

Esta obra cuenta con el auspicio de

Instituto de Botánica Darwinion, San Isidro
(Academia Nacional de Ciencias, CONICET).

Círculo de Coleccionistas de Cactus y Crasas de la República Argentina

Coordinador de la colección: Tito Narosky
Diseño editorial: Jorge L. Deverill
Corrección: Félix de las Mercedes

Fotos de tapa
Izquierda arriba: *Pterocactus fischeri*
Izquierda medio: *Lobivia bruchii*
Izquierda abajo: *Lobivia famatimensis*
Derecha: *Cereus uruguayanus*

Fotos de contratapa
Arriba: *Austrocylindropuntia shaferi*
Abajo: *Pereskia aculeata*

100 CACTUS ARGENTINOS
1ª edición - 3ª reimpresión - 2000 ejemplares
Impreso en Galt S.A.
Ayolas 494 - Buenos Aires - República Argentina
Junio 2015

Copyright © 2005, by EDITORIAL ALBATROS SACI
J. Salguero 2745 5° 51 (1425)
Buenos Aires - República Argentina
E-mail: info@albatros.com.ar
www.albatros.com.ar

ISBN 978-950-24-1108-8

Kiesling, Roberto
    100 cactus / Roberto Kiesling y Omar Ferrari - 1 a ed. - 3 a reimp. -
Buenos Aires : Albatros, 2015.
    128 p. ; 22x15 cm. (Guías de identificación)

    ISBN 978-950-24-1108-8

    1. Cactus-Guía I. Título
    CDD 583.56.

 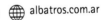

f /editorialalbatros   @newsalbatros   albatros.com.ar

Dedicatoria

A nuestras dos familias,
que por años aceptaron las reuniones de fin de semana dedicadas a las plantas,
muchas veces recibiendo innumerable cantidad de amigos y colegas, siempre atendidos
por Margarita, como también las repetidas ausencias por los viajes de exploración
o por acompañarnos a los mismos, para ellos, Ángeles, Mariana,
Margarita, Alex, Marcelo, Mauricio, Ramón y Roberto,
como también a nuestros padres, dedicamos este libro.

Los cactus

Qué es un cactus

Muchas plantas *parecen* cactus, pero no lo son. Por eso es importante conocer algunas pocas peculiaridades de esta familia (entre las muchas que poseen):

> 1) **Areolas**: todos los cactus tienen areolas; son las *únicas* plantas que las tienen.
> 2) **Espinas**: la mayoría de los cactus tienen espinas. Siempre nacen de las areolas.
> 3) **Flores**: casi siempre son solitarias y con muchas piezas (carpelos, estambres, tépalos); y se disponen en forma espiralada. El ovario (que forma una cavidad única) se ubica por debajo de los tépalos.
> 4) **Tallos**: son suculentos, o sea con tejidos carnosos, que conservan el agua. Además son verdes y realizan la fotosíntesis.
> 5) **Hojas**: en la gran mayoría de los cactus se redujeron tanto que decimos que no tienen hojas. Sólo las *Pereskia* tienen hojas bien desarrolladas, mientras que en la subfamilia Opuntioideae las tienen reducidas en mayor o menor grado y efímeras.

Hay otras peculiaridades de los cactus, pero creemos que lo anterior alcanza para distinguirlos de plantas similares.

Qué no es un cactus

Las plantas suculentas pueden pertenecer a muchas familias distintas. "Suculentas" no designa un grupo de plantas afines, sino a todas las que tienen órganos carnosos, con tejidos que almacenan agua y que resisten las sequías, entre ellas los cactus. Básicamente hay plantas con tallos y otras con hojas suculentas o carnosas (también podríamos incluir a las de raíces carnosas).

Las plantas acuáticas también almacenan agua, pero ante una sequía la pierden fácilmente por eso no se incluyen entre las suculentas.

Entre las que tienen los **tallos** suculentos (muchas veces las hojas son reducidas y se caen prontamente), las *Euphorbia* adoptan formas asombrosamente similares a los cactus: como grandes candelabros, otras esféricas con costillas e incluso de tallos aplanados como en *Opuntia*. Sin embargo, sus flores son muy diferentes: son muy pequeñas y simplificadas y no se parecen en nada a las de los cactus. Por otro lado, estas plantas tienen látex, un líquido blanco lechoso que ante la menor herida fluye y delata su verdadera identidad, aun sin flores. Además los aguijones —no son espinas— se ven claramente como proyecciones de la epider-

Euphorbia

mis, pero cuidado, las cicatrices dejadas por las hojas caídas pueden confundirse con areolas. Si bien el género *Euphorbia* es cosmopolita, casi todas las especies suculentas provienen de África.

También las *Stapelia* y otros géneros de la misma familia pueden confundirse con cactus porque tienen tallos suculentos y sin hojas; sin embargo, se ve claramente que sus aguijones son proyecciones de la epidermis. Por otro lado, sus flores tienen 5 pétalos en forma de estrella y soldados entre sí en la base o hasta más de la mitad.

Hay otros grupos de plantas con tallos suculentos, como los *Pachypodium* de Madagascar, o las *Idria* de los desiertos mexicanos, más o menos raros en cultivos.

Hay numerosas familias con plantas que tienen **hojas** suculentas. Para mencionar sólo algunos géneros: los *Agave, Haworthia, Echeveria, Mesembrianthemum, Lithops...*

Pachypodium

De todos modos, se ve claramente que se trata de hojas carnosas y ya por esa característica no confundimos estas plantas con los cactus.

Agave

Lithops

Área

Los cactus pertenecen casi exclusivamente a América, y sus especies se encuentran desde el sur de Canadá hasta cerca del estrecho de Magallanes. Una especie de *Rhipsalis* se encuentra naturalmente en África, Madagascar y la India.

Sin embargo, varias especies fueron llevadas y propagadas alrededor del Mediterráneo, Sudáfrica, la India y otras zonas tropicales, donde son tan frecuentes los pobladores no pueden creer que son plantas americanas. Es el caso de varias *Opuntia, Cereus, Harrisia*, etc., los que incluso han producido problemas ecológicos graves.

La mayor abundancia en géneros y especies, pero también en número de individuos, se encuentra en México. Allí también es donde fueron y son más utilizados por la población. El segundo centro de diversificación está en Bolivia, Perú y el noroeste de la Argentina. Ambas zonas son montañosas y están situadas sobre los trópicos.

Estas zonas poseen condiciones apropiadas de temperatura y distribución de lluvias. Por otra parte, lo variado de la geografía argentina produce nichos ecológicos diferentes, a los que se adaptan las distintas especies. Las provincias fitogeográficas donde los cactus son más abundantes son el Chaco seco u occidental y el Chaco serrano, el Espinal, el Monte, la Prepuna y la Puna.

Puede señalarse que los cactus constituyen la familia de plantas de la Argentina con mayor porcentaje de endemismos, o sea de especies que son exclusivas del país.

La Patagonia (provincia patagónica) posee dos géneros endémicos: *Maihuenia* y *Austrocactus*; además existe otro que presenta allí su mayor variación: *Pterocactus*. La selva misionera (provincia paranense) alberga varias especies de *Rhipsalis*, una de *Epiphyllum*, ambos géneros típicamente de plantas epifitas, y en los claros algunas *Opuntia* y *Cereus* (más raramente dentro de la selva). Los roquedales muestran esporádicamente las pequeñas *Frailea*. En las provincias de Entre Ríos y Corrientes las cactáceas no parecen abundantes, sin embargo albergan numerosas especies de los géneros *Cereus*, *Opuntia*, *Frailea*, *Gymnocalycium*, *Parodia* (*Notocactus*), *Harrisia*, etc. La provincia de Córdoba (y en menor escala La Rioja y San Luis, provincia chaqueña) tiene una extraordinaria variedad de especies de *Gymnocalycium*, especies que además muestran gran variación. En cambio San Juan (en su porción de la provincia del Monte) es el centro de variación de *Pyrrhocactus*.

La llanura pampeana (provincia pampeana), con su manto de gramíneas, no muestra gran número de cactus. Posiblemente en suelos pobres, erosionados y arcillosos, antiguamente se encontraran *Cereus uruguayanus*, *Opuntia arechavaletai* y *O. elata*, especies que aún se pueden ver, cultivadas o toleradas, en bordes de alambrados o de vías férreas. En las sierras de Tandil, Ventana y otras se encuentran además *Parodia submammulosa*, *Wiginsia sessiliflora* y algunas especies de *Gymnocalycium*.

Los órganos de los cactus

Raíces

Generalmente son fibrosas, muy ramificadas. Las últimas ramificaciones y los pelos celulares son caducos pero crecen muy rápidamente ante la presencia de humedad. Frecuentemente se extienden horizontales, apenas por debajo del suelo, y así aprovechan hasta la menor lluvia o incluso el rocío.

Algunos géneros tienen raíces engrosadas, lo que les permite almacenar agua y almidones. El género *Pterocactus* tiene sus tubérculos entre 15 y 50 cm por debajo de la superficie; los mismos llegan a adquirir un tamaño mayor que el de un puño y de ellos nacen tallos delgados que sólo se ramifican a ras del suelo. Entre otros, también especies de *Monvillea* tienen raíces engrosadas, que son comestibles. Muchas veces las raíces toman una forma cónica invertida, como las zanahorias; se las llama *napiformes* (o sea, con forma de nabo).

Raíz engrosada y secundarias delgadas.

Tallos

Como se dijo, los cactus son plantas suculentas porque tienen suculentos los tallos (excepto *Pereskia*). Para reemplazar la función de las hojas de fotosintetizar, los tallos permanecen verdes por varios años o incluso por toda la vida de estas plantas. Es una situación casi única de tejidos asimiladores que pueden permanecer funcionales por decenas de años. En los casos de plantas con hojas perennes, éstas en general no superan el año o quizá los dos años de vida.

Las formas básicas de los tallos, de donde derivan otras, son la globosa y la cilíndrica, ambas tienen costillas o mamelones, con pocas excepciones. Otra forma es la aplanada lateralmente (tallos comprimidos). Una forma derivada es la globosa muy deprimida: los tallos son inversamente cónicos (decimos *obcónicos*) enterrados; a nivel del suelo se ve sólo un disco más o menos plano y espinoso, que se prolonga bajo tierra, y a cierta profundidad se continúa en una raíz también cónica. En la Argentina tenemos ejemplos de esta forma, como el Achacana (*Neowerdemannia*) y varias especies de *Gymnocalycium* y *Wigginsia*.

Los tallos aplanados se encuentran principalmente en el género *Opuntia*, las tunas, y otros géneros de Opuntioideas como *Brasiliopuntia*, *Nopalea* y *Consolea*.

En algunas epifitas (géneros *Rhipsalis*, *Epyphyllum*, etc.) los tallos son similares; sin embargo, el origen de ambas formas aplanadas es muy diferente: los de *Opuntia* se originaron, muy tempranamente, de tallos cilíndricos que para captar mejor la luz crecieron lateralmente, adoptando forma de hojas.

Gymnocalycium
kieslingii

Trichocereus
tarijensis

En cambio en *Epiphyllum*, *Rhipsalis*, etc. derivan de formas con costillas, donde su número se redujo a dos (opuestas). Las formas juveniles de las mismas especies muestran mayor número de costillas (y también pequeñas espinas).

Muchos cactus tienen los tallos con bordes salientes, las ya mencionadas "costillas". A veces estas costillas están formadas por líneas de mamelones, interrumpidos por un surco o por una separación notable. En otros casos, los mamelones (o tubérculos) no forman costillas, están completamente separados, como en algunas especies de *Parodia*. Las costillas y también los mamelones permiten que en época de lluvias estas plantas absorban gran cantidad de agua y aumenten su volumen, mientras que en época seca pueden contraerse sin mayor daño para la epidermis ni para los otros tejidos, los que también tienen adaptaciones notables a la contracción y expansión. Podemos compararlas con un acordeón.

Areolas

Las areolas son depresiones en la epidermis de la planta, de donde nacen las espinas y también pelos o cerdas. En las primeras dos subfamilias también hojas, normales o reducidas. Las areolas tienen yemas, o sea capacidad de generar ramificaciones y también flores.

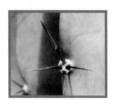

Conceptualmente una areola es una rama corta, una rama no desarrollada pero con varias yemas muy cercanas.

Areola de
Cereus

Paleta de Opuntia
con hojas pequeñas

Espinas

Se originan de las areolas, es decir, de las yemas, de tejidos interiores de la planta (no de la epidermis). Las espinas son tejidos muertos y mineralizados, generalmente duros. Sin embargo las hay delicadas, como cerdas e incluso como pelos; los gloquidios (véase más adelante) son también espinas. Las espinas crecen por sus bases (crecimiento intercalar), a diferencia de la mayoría de los órganos de las plantas, cuyas células de crecimiento están en los extremos.

Algunos cactus, relativamente pocos, no tienen espinas, aunque sería mejor decir que no las desarrollan, las tienen latentes. La mayoría de ellos son epifitos.

Hay muchas familias de plantas con especies espinosas; sin embargo, gran parte de las espinas se originan en la epidermis, como las de las rosas (por eso es mejor llamarlas "aguijones"); sucede incluso en plantas suculentas: las espinas de las *Euphorbia*s son epidérmicas.

Pterocactus
hickenii

Se considera que las espinas de los cactus son hojas modificadas. Sus funciones son discutidas y se sostiene que son una protección contra los herbívoros. Esto es indudablemente cierto, aunque tortugas, ratones, liebres y burros encontraron la forma de apartarlas y poder comer los tallos suculentos y llenos de agua. Otra función de las espinas es actuar como centros de condensación: al enfriarse el aire, la humedad ambiente se condensa sobre ellas. En algunas especies se demostró que el agua penetra en las espinas y se traslada hacia el interior de la planta. Si por la inclinación de las espinas las gotas caen al suelo, pueden ser absorbidas por las raíces superficiales.

En algunos casos otra función es dar sombra a los tallos. Esto es evidente en plantas de zonas altas, en las que muchas espinas se transformaron en largos pelos o cerdas blancas que reflejan la excesiva insolación (*Oreocereus, Espostoa, Cephalocereus*).

Hay espinas de distintas formas: cilíndricas, cónicas, aplanadas, rectas, curvas, ganchudas... Las hay de distintos tamaños: desde muy pequeñas, que no se advierten a simple vista, hasta de 20 cm o posiblemente más (*Opuntia quimilo*). Es interesante examinar sus superficies con el Microscopio Electrónico de Barrido, ya que las células tienen distintas formas. También a simple vista podemos ver que hay lisas, estriadas, rugosas, etc.

Gloquidios (también llamados janas, penepes, puquios, quepos, aguates)

La subfamilia Opuntioideae tiene —además de las espinas— un verdadero cepillo de espinas pequeñas, los gloquidios, en cada areola. Los mismos se desprenden fácilmente por tener la base débil. Por otro lado, los gloquidios tienen una superficie áspera, ya que un extremo de sus células superficiales se separa, de modo que cuando los gloquidios entran en nuestra carne o en la de los animales es difícil extraerlos; actúan como anzuelos. Para hacerlo se necesitan una pinza de depilación y una lupa de mano; en caso que sean muchos puede ayudar la tela adhesiva usada en medicina (esparadrapo).

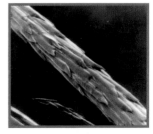

Barbas de gloquidio

11

Pelos

Del fondo de las areolas nacen también muchos pelos que rellenan el espacio dejado por las espinas y los gloquidios. Los pelos están formados por una sola hilera de células huecas. En cambio, las espinas que *parecen* pelos (como en *Oreocereus, Espostoa* y *Cephalocereus*) están formadas por varias hileras de células.

Los pelos pueden ser cortos, pero en ocasiones son largos y asoman uno o más centímetros. En la naturaleza mayormente se deterioran, pero en cultivo en invernáculo pueden mantenerse íntegros por más tiempo. Por otro lado, algunos grupos (por ejemplo, *Parodia*) producen pelos más largos por tener exceso de nitrógeno en el suelo (por abonos o tierra rica) y estar en invernáculos con déficit de luz.

Flores

Son llamativas por los pigmentos que poseen. Están formadas —en general— por numerosas piezas (muchos estambres, muchos tépalos, muchos carpelos) que se disponen espiraladamente. Sus partes son:

Parodia linkii

Receptáculo
Es la parte externa que rodea el ovario y que a veces se continúa en forma de tubo, de cuyo borde nacen los tépalos.

Se trata en realidad de un tallo modificado que rodea al ovario. Su carácter de tallo se ve muy bien en *Pereskia, Opuntia* y otros géneros afines, donde tiene areolas apenas simplificadas, muchas veces con espinas. Si apoyamos uno de estos "frutos" en tierra, puede emitir raíces, ya que es un tallo modificado.

En la mayoría de los géneros de la subfamilia Cactoideae, las areolas del receptáculo se simplificaron muchísimo y quedaron reducidas a una pequeña cicatriz en la axila de las escamas florales. En estos grupos el pericarpelo perdió su color verde; ya no se nota que proviene de un tallo porque está sumamente modificado.

El *receptáculo* se compone de dos partes: la que rodea al ovario se llama *pericarpelo*; cuando el receptáculo se continúa en un tubo, hablamos de *tubo floral*.

Tépalos
En algunos párrafos anteriores mencionamos los "tépalos", en lugar de pétalos. ¿Por qué?: cuando hay una transición gradual entre cáliz —con sus sépalos— y corola —con sus pétalos—, y por eso el cáliz y la corola no pueden diferenciarse claramente, se habla de tépalos. Los inferiores son verdes y parecen sépalos (tépalos sepaloides) y los interiores son delicados, blancos o de otros colores (tépalos petaloides). También podríamos hablar de perianto y de "piezas del perianto". En el pericarpelo y base del tubo floral llamamos "escamas" a formaciones similares pero menores.

Estambres
En general son muchos. Sólo en *Rhipsalis* y otros géneros considerados muy evolucionados (*Blossfeldia, Frailea*) hay relativamente pocos. Se disponen en un círculo en la base de la flor, en espiral en

el interior del tubo o en dos series: una serie espiralada a lo largo del tubo y otra en un anillo simple en la boca. Hay otros casos menos frecuentes, como tres series separadas.

En algunos casos las bases de los estambres inferiores se unen y forman un diafragma, un tabique que cierra la cámara nectarial y protege el néctar de los visitantes no especializados, de los que no polinizan.

Nectarios

En las flores de muchos géneros existen nectarios en la base del tubo floral; frecuentemente forman una estructura definida debajo de los estambres (cámara nectarial).

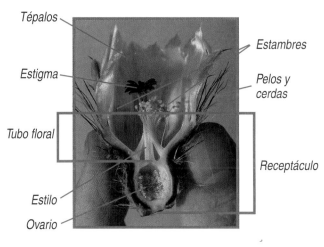

Diversas partes de la flor de un cactus

Frutos

Sería más correcto hablar de "seudofrutos", ya que la parte externa, como dijimos, corresponde al receptáculo desarrollado (tejido axial, o sea de tallo). En Pereskioideae y Opuntioideae es evidente que la parte externa a la flor es un tallo especializado; en cambio en Cactoideae las modificaciones fueron muchas y parecen auténticos frutos.

La mayoría son jugosos (bayas), aunque los hay también secos (cápsulas). Pueden ser dehiscentes o indehiscentes (que se abren espontáneamente o que no se abren). Algunos mantienen el perianto marchito, pero en otros hay una zona de corte y el perianto marchito se desprende (en un mecanismo similar al de la caída de las hojas en otoño). Sus formas varían de globosas a ovales, y el tamaño desde pocos milímetros (*Rhipsalis, Blossfeldia, Yavia*) a algunos centímetros en la mayoría.

Seudofruto de Pereskia, con hojas

Corte de un pseudofruto de Austrocylindropuntia ramificado, con semillas

Las bayas tienen las semillas incluidas entre los funículos carnosos, dulces o por lo menos jugosos, que atraen a diferentes animales, los que ayudan a la diseminación.

En *Oreocereus* los frutos recuerdan los pimientos morrones, con paredes bastante rígidas que crecen al madurar el fruto; los funículos se reabsorben y dejan sueltas las semillas; finalmente se produce una abscisión en la base y el fruto se separa de la planta, dejando una abertura por la que caen las semillas.

En algunos casos son frutos secos (*Tephrocactus*), con dehiscencia por varias rajaduras irregulares. En *Puna* y *Yavia* son frutos secos pero no dehiscentes.

Lo mismo que las flores, los frutos pueden tener areolas espinosas, con pelos y cerdas, o areolas simplificadas, con sólo cerdas o pelos, o tener sólo escamas o ni siquiera éstas.

Muchos frutos son comestibles, tanto de *Opuntia* (*O. ficus-indica*), como de varios géneros de Cactoideas. Los frutos de Cactoideas tienen la ventaja de no presentar gloquidios y tener semillas de menor tamaño y más blandas.

Semillas

Las cactáceas tienen sus semillas protegidas por dos tegumentos, lo que sucede en pocas familias de plantas, ya que lo normal es tener uno solo. Las formas varían: de urna, de coma, en otras un ensanchamiento les da forma de sombrero, u otras variantes. El tamaño promedio es de 1 a 1,5 mm, pero las hay desde cerca de 0,5 hasta 3 mm en Cactoideae, 4 mm en Pereskioideae y más en Opuntioideae (véase el próximo párrafo).

El color puede ser castaño, desde claro o amarillento hasta oscuro o negro. La textura de la superficie varía y es útil para la clasificación sistemática de las plantas.

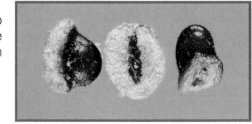

Semillas de Gymnocalycium asterium

En las Opuntioideae las verdaderas semillas están cubiertas por el arilo o envoltura funicular; que generalmente es de colores claros: blanquecinos a amarillentos o castaño claro. Este arilo es muy interesante para la clasificación de los diferentes géneros, ya que adopta formas muy diferentes; tener consistencia dura, leñosa, hasta blanda; puede estar cubierto de pelos largos y jugosos o ser lampiño. En la literatura, en especial la antigua, muchas veces al hablar de semillas se incluye al arilo.

Frutos y semillas de
Pterocactus reticulatus

Polinización

En general es realizada por diferentes insectos, mayormente abejas —decimos que son poco especializadas—. Se conocen casos de polinización por murciélagos (cactus columnares de flores grandes y anchas), lo que quizá suceda también en los *Trichocereus*, por lo menos en algunas especies. Las especies de flores de tubo muy largo y fino, nocturnas (*Selenicereus*, *Epiphyllum*), son polinizadas por polillas.

Algunos géneros, con flores tubulosas, están evidentemente adaptados a la polinización por colibríes (*Cleistocactus*, *Borzicactus*, *Oreocereus*), aunque no puede descartarse que las mismas flores sean polinizadas además por otros agentes (pájaros, polillas, abejas, otros insectos).

Nombres

Cada especie lleva un nombre botánico. Por error o por cambios de concepto, muchas veces la misma especie tiene más de un nombre, pero sólo uno es el correcto, los otros son sinónimos. En este libro mencionamos sólo algunos sinónimos, los que consideramos más conocidos.

Los nombres vernáculos que mencionamos son los usados en sus lugares de origen o nombres de cultivo muy extendidos. Estos nombres pueden variar de una zona a otra. Por otro lado, no hemos incluido nombres de idiomas indígenas muy localizados (como los registrados por Pastor Arenas en varios trabajos), aunque los indígenas en contacto con su medio son quienes mejor conocen estas plantas y sus aplicaciones.

Utilidades

Los usos locales, mayormente por los indígenas americanos, son innumerables. Como ejemplos podemos señalar los que nos llegaron y en especial los de la Argentina.

Varios *Trichocereus*, en especial *T. atacamensis*, el "pasacana", pero también *T. terscheckii* y *T. tarijensis*- son plantas muy útiles localmente, tanto por su madera con la que se confeccionan muebles, revestimientos, vigas e infinidad de objetos; por sus frutos comestibles; por las espinas antiguamente usadas para confeccionar peines y otros usos varios.

Es interesante observar que en zonas arqueológicas, suelen crecer en colonias densas. Posiblemente esto se deba a la mayor cantidad de materia orgánica de los suelos, y a la gran concentración de semillas que los antiguos pobladores provocaron, tanto por comer los frutos como por proteger —o cultivar— a estas plantas. Varias especies de pájaros —pasacanero, cerrillero— comen sus frutos. A pesar de su explotación, esta especie no corre peligro de extinción, ya que sólo se utilizan los ejemplares muy adultos. Por eso mismo ya es difícil encontrar ejemplares mayores a 10 m de alto.

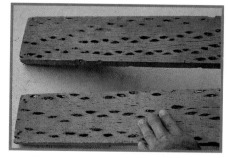

Madera de Trichocereus atacamensis

A nivel mundial pero también en la Argentina, la especie cultivada en gran escala por sus frutos es *Opuntia ficus-indica* —la tuna— no solo para uso local, sinó que llega a los grandes centros de consumo e incluso se exporta. El uso de los tallos tiernos de esta y otras especies como verdura, mayormente cocida, es frecuente en México. En el país hubo un gran desarrollo de este cultivo en el noroeste en los últimos años.

Tanto la tuna, como muchos otros cactus, tienen varias aplicaciones medicinales tradicionales, algunas de ellas bajo estudio científico en este momento, como por ejemplo estabilizar el nivel de glucosa en personas que no regulan bien su nivel de insulina (diabeticos). Los frutos de cactus en general, a diferencia de otras frutas, tienen alto nivel de calcio.

Los mucilagos de cactus se utilizaron por centurias para fijar la pintura de cal en todo el continente americano, como también su propiedad de adsorber los coloides, propiedad usada para aclarar el agua turbia de los ríos en época de lluvia.

Peine (segraña) realizado con espinas de Trichocereus atacamensis

*Pencas y frutas de tuna (*Opuntia ficus-indica*)*

1 *Pereskia sacharosa*

"Sacharosa": falsa rosa, o rosa silvestre, por el parecido de sus flores.

Especie chaqueña. Del sur del Brasil en Mato Grosso, oeste del Paraguay, este de Bolivia y noroeste de la Argentina. Se la encuentra en el bosque xerófilo abierto, a pleno sol. Es usada para cercos, aunque pierde parte de sus hojas en invierno. Las hojas cortadas ayudan a la curación cuando se aplican sobre quemaduras.

P. *sacharosa*, como la mayor parte de sus congéneres, forma pequeños árboles o arbustos de 2 a 5 m o más de alto. El tronco llega a 10 (incluso hasta 20) cm de diámetro.

Tiene ramas jóvenes menores de 1cm de diámetro, verdes, luego más gruesas y cubiertas por corteza marrón. Hojas lanceoladas de 3 hasta 12 cm de largo, apenas suculentas. Areolas jóvenes con 0 a 5 espinas hasta de 5 cm de largo, todas rectas, oscuras; en las areolas maduras crecen varias más. Racimos terminales con 2 a 4 flores de 3 a 7 cm de diámetro, con tépalos rosados y estigma blanco; axilas de las escamas florales con un mechón de pelos.

Pereskia comprende las plantas actuales más parecidas a los primeros cactus, los más primitivos. Presenta hojas aplanadas, no suculentas —o apenas—, con pecíolo y flores agrupadas en inflorescencias (los otros cactus tienen flores solitarias). Son plantas muy diferentes a la mayoría de los cactus, en general arbustos o arbolitos erectos. Comprende unas 16 especies, que se distribuyen desde el sudeste de EE.UU. hasta el norte de la Argentina, en bosques secos y también en selvas tropicales.

2 *Pereskia aculeata*

Otros nombres: *"Curuzú-ipochi" (Paraguay), Grosellero (Caribe)*

Es la especie de *Pereskia* de distribución más amplia, desde Florida (EE.UU.) hasta la Argentina en Misiones y Corrientes; es rara en Entre Ríos, en la selva marginal; cultivada en zonas tropicales y subtropicales. Se adapta para cubrir paredes; sus frutos son comestibles.

Es la única *Pereskia* que forma arbustos apoyantes o trepadores, que llegan de 3 a 10 m de alto. Los troncos son de sólo 5 cm de diámetro, espinosos, marrones. Las ramas jóvenes miden menos de 1 cm de diámetro, son verdes, largas (de 2 m e incluso más), y sus areolas tienen sólo dos espinas en forma de gancho, de cerca de 0,5 a 1 cm, con base ancha, gracias a las que se prenden a los soportes (arbustos o árboles de las selvas); estas espinas luego caen. Las hojas son ovadas con punta más o menos aguda, de 6 a 7 cm de largo, violáceas por debajo. Las areolas adultas –las del tronco– no tienen hojas, pero sí hasta 25 espinas rectas de 1 a 3,5 cm. Las inflorescencias son en racimos de muchas flores blancuzcas a blancas o cremosas, con estambres llamativos, anaranjados, de 2,5 a 4,5 cm de diámetro, fragantes. Los frutos son globosos, jugosos, espinosos cuando están verdes; luego, la areola completa cae y los frutos quedan inermes, de amarillos a anaranjados, de 1,5 a 2,5 cm de diámetro. Pocas (2 a 5) semillas lenticulares, negras, de 4,5 a 5 mm de diámetro.

El nombre *Pereskia* es en homenaje al conde francés Nicolás C. F. de Peiresc (1580-1637). Se la llamó también *Perescia, Peirescia* y *Peireskia*, pero la ortografía correcta debe seguir la que aparece en la descripción original. *Aculeata* significa "que lleva espinas".

Cultivo: crece bien a media sombra, pero su floración plena se produce en las ramas expuestas al sol. Sufre las heladas intensas. Las flores tienen un aroma fuerte, casi desagradable, que atrae a numerosas abejas y otros insectos.

3 *Maihuenia patagonica*

Otros nombres: *"Chupasangre" (en Neuquén y Río Negro), "Siempreverde".*

Es exclusiva de la provincia botánica patagónica, desde Mendoza hasta Santa Cruz, donde abunda en lugares expuestos y secos. Florece en diciembre.

De raíz gruesa. Cojines más o menos hemisféricos, compactos hasta laxos, muchas veces mayores de 1 m de diámetro (en realidad de crecimiento indefinido) y de 20 a 30 cm de alto o más. Ramas con los artejos terminales cilindráceos hasta claviformes, muy ramificados, de 3 a 8 cm de largo x 1 a 1,2 cm de diámetro. Tres espinas aplanadas, amarillentas, blancas, rosadas a grises; la central erecta de 2 a 5 cm y ancha hasta 3 mm; las laterales (secundarias) menores, apoyadas sobre los tallos. Hojas ovadas a subcilíndricas, de 2 a 4 mm de largo.

Flores terminales, muy abiertas o acampanadas, de 4,5 a 5 cm de largo x 3 a 4,5 cm de diámetro cuando están abiertas, blancas, raramente amarillas o rosadas; escamas con axilas desnudas, ocasionalmente pilosas y con 0 a 2 cerdas; estigma amarillento. Frutos globosos a claviformes, de 2 a 3 cm de diámetro, amarillos, casi secos, con las axilas de las escamas desnudas o con 1 a 3 cerdas más o menos rígidas. Semillas gruesas, lenticulares, de 3 a 4,5 mm de largo, negro brillante.

> *Maihuenia* es un género con sólo dos especies, ambas de la Patagonia, fácilmente reconocibles por formar cojines compactos; por las hojas pequeñas, verde brillante, llamativas; por tener generalmente 3 espinas en cada areola (la central mucho más grande que las laterales), aplanadas, blancas, y por no llevar gloquidios. Sus semillas son similares a las de *Pereskia*, por lo cual, entre otros motivos, se las ubicó en la misma subfamilia.

4 *Maihuenia poeppigii*

Otros nombres: *"Espina blanca", "Chupasangre", "Maihuen", "Siempreverde", "Yerba del guanaco".*

De menor tamaño que la especie anterior y de área restringida en la Argentina. Dedicada al naturalista Eduardo Poeppigg (1798-1868), quien coleccionó esta especie en el sur de Chile, donde es frecuente; en la Argentina se encuentra en el oeste de Neuquén, donde es escasa; mayormente asociada a bosques de *Araucaria*, en zonas relativamente húmedas, en los márgenes de la provincia subantártica, hasta aproximadamente 1.000 m de altitud. Florece y fructifica en diciembre y enero.

Planta de raíz cónica, gruesa. Cojines bajos y densos (placas pegadas al suelo, más raramente montículos). Ramas terminales verdes, ovales hasta globosas, 2 a 4 cm de largo x 1 a 2 cm de diámetro, obtusas, no ramificadas. Tres espinas blancas o amarillentas, una central erecta de 1 a 2 cm de largo x 0,5 a 1 mm de ancho en la base; laterales de 3 a 6 mm. Hojas de 4 a 10 mm de largo x 1 a 2 mm de diámetro.

Flores de 3 a 4,5 cm de largo y algo más de ancho; pericarpelo casi globoso, con escamas carnosas de axilas desnudas o con pocas espinas setáceas de hasta 1 cm. Tépalos externos verdosos, internos de color amarillo azufre. Estambres con filamentos blancos y anteras amarillas. Estilo cilíndrico de 1 a 1,5 cm, con estigma color crema. Fruto ovado o claviforme, hasta 5 cm de largo y 2 a 3 cm de diámetro, con el ápice truncado, amarillo, hueco. Semillas de 3 a 4 mm de largo, similares a las de *M. patagonica*.

Cultivo: en su hábitat deben soportar humedad y al mismo tiempo temperaturas sumamente bajas en invierno: hasta -20 °C o menores aun, por lo que se deben regar en la época fría y la primavera temprana, y en cambio mantenerlas algo secas en verano, o sea prácticamente a la inversa que la mayoría de los cactus. El suelo debe ser permeable y la maceta amplia, para evitar el calentamiento de las raíces. Las semillas germinan mejor después de un tratamiento con frío húmedo.

5 *Brasiliopuntia schulzii*

Crece en el Paraguay occidental y también en la Argentina, en Misiones, Corrientes, Formosa, Chaco y posiblemente en Santa Fe.

Plantas arbóreas, de hasta 8 m de alto. Tronco leñoso, cilíndrico, verde o corchoso, de 5 a 10 (o más) cm de diámetro. Ramas sólo en la parte superior, que forman una copa, caducas en 2 o 3 años. Artejos terminales espatulados, delgados, algo traslúcidos, verde claro, de 5 a 15 cm de largo, 2,5 a 4,5 cm de ancho y sólo 2 a 3 mm de espesor, con nervadura sobresaliente, de articulaciones frágiles. Areolas ovadas o circulares, blanquecinas, dispuestas en leves prominencias, con 1 a 2 espinas blancas o rubias de 1,5 cm de largo.

Flores rotáceas, una o varias en el borde de los artículos terminales, amarillas, de aproximadamente 4 cm de diámetro cuando están abiertas; receptáculo verde claro, con varias areolas, umbilicado, obcónico, de 1,5 cm de largo y 1 cm de diámetro; estambres exteriores rodeados por pelos (que son estambres modificados); estilo claviforme, blanco, de 12 mm de largo y 3 mm de diámetro, con estigma 5 lobulado. Frutos ovoides o en forma de pera, rojos, con los gloquidios caducos antes de la maduración. Pocas semillas (3 a 7), envueltas por el arilo amarillo opaco, piloso.

El género *Brasiliopuntia* se diferencia de *Opuntia* porque sus especies presentan tronco y copa definidos, o sea que son verdaderos árboles. También por otros caracteres, como sus ramas caducas y la estructura del polen. Esta especie fue descripta como *Opuntia* por Castellanos y Lelong en 1958, homenajeando a su colector, Augusto Schulz, de Colonia Benítez, en la provincia del Chaco. Muchas veces confundida con *B. brasiliensis*, que se diferencia básicamente por los frutos casi esféricos y amarillos cuando maduros con gloquidios prominentes, de las selvas brasileñas sobre el Atlántico, pero también en Venezuela, Perú, Bolivia y noroeste argentino (Salta).

6 *Quiabentia verticillata*

Otros nombres: "Sacharosa hembra" *(en Salta y Bolivia), "Oreja de perro", "Achuma".* Verticillata *significa que su ramificación es verticilada, o sea que a una misma altura del tronco nacen varias ramas.*

Crece en zonas bajas y secas del oeste de Paraguay, sudeste de Bolivia y en la Argentina en las provincias de Jujuy, Salta, Formosa y Chaco, muchas veces asociada con *Pereskia sacharosa*.

Arbolitos de 5 a 10 m de alto. Tronco de hasta 40 cm de diámetro, corchoso. Copa muy ramificada, ramas terminales de 1 a 3 cm de diámetro; areolas grandes, de hasta 8 mm de diámetro. Hojas de unos 3 cm de largo y 1,8 cm de ancho, con un pequeño mucrón apical, algo arqueadas hacia arriba. Espinas blancas, delgadas y flexibles, de hasta 5 cm. Flores rosadas de 5 a 7 cm de largo y 5 cm de diámetro, con el pericarpelo alargado. Frutos verdes de hasta 10 cm de largo. Semillas cubiertas por un arilo duro y grande: aproximadamente 8 mm de largo y 5 mm de diámetro.

Las espinas varían desde grandes y gruesas hasta pequeñas, siendo difícil diferenciar los gloquidios, ya que la transición es gradual.

El género tiene sólo dos especies. Se caracteriza por su hábito arbóreo, hojas aplanadas pero gruesas (no se ve la nervadura), areolas grandes, con espinas y gloquidios apenas diferenciables, pericarpelo largo y semillas de gran tamaño. *Quiabentio* es el nombre local de la especie de Bahía (Brasil): *Q. zehntneri.*

7 *Opuntia elata*

Otros nombres: O. bonaerensis. *Erróneamente llamada por muchos años* O. paraguayensis. *A los ejemplares cuyas ramas son más alargadas y estrechas se los llamó* O. chakensis *(=* O. cardiosperma*).*

De la llanura pampeana y del bosque chaqueño y el Espinal; en el sur del Brasil, Uruguay, Paraguay y en la Argentina en Misiones, Corrientes, Santa Fe, Entre Ríos y Buenos Aires, muchas veces cerca de caminos, terraplenes de ferrocarril, alambrados, etc.

Arbustos de 1 a 3 m de alto. Tronco casi cilíndrico, ramificado. Artejos elípticos a lanceolados, 20 a 30 (raramente hasta 50) cm de largo y 8 a 13 cm de ancho, generalmente verde oscuros, de margen obtuso. Espinas a veces ausentes en artejos jóvenes, principales 1 o 2 (hasta 3), blanco grisáceas, subuladas a comprimidas, 0,5 o 1 a 8 cm de largo, la superior mayor.

Flores anaranjadas, de 6 a 7 cm de diámetro. Pericarpelo de 4,5 a 5 cm de largo y 2,2 cm de diámetro. Estambres y estilo (aproximadamente 8 lobado) blancos o cremosos. Frutos carnosos, en forma de pera, de 5,5 a 7 cm de largo y 3,5 a 4,5 cm de diámetro, violáceo purpúreo por fuera; con pulpa ácida. Semillas lenticulares, 5 a 6 mm de diámetro y 1,5 a 2 mm de espesor, incluyendo el arilo.

Opuntia es el género de las tunas, plantas mayormente arbustivas con ramas aplanadas, segmentadas por estrangulaciones (las paletas, que también se llaman cladodios o artejos). Algunas especies modificaron sus tallos hasta tenerlos casi cilíndricos, pero se los sigue ubicando en *Opuntia* por la estructura abierta de la cubierta del polen (polen de tectum reticulado), en oposición a los otros géneros emparentados (*Cylindropuntia*, etc.) que tienen esa cubierta prácticamente continua.

23

8 *Opuntia quimilo*

Otros nombres: *"Quimil", "Quimilo". Estos nombres populares dan origen a numerosos topónimos. El "chancho quimilero" (*Tatagonus wagneri*) come sus frutos y disemina las semillas, aunque es posible que también lo hagan las otras especies de cerdos salvajes.*

Crece en el distrito occidental del Chaco, en Bolivia, oeste del Paraguay y en la Argentina hasta el norte de Córdoba; muchas veces acompañada por *Stetsonia coryne* y *Cleistocactus baumannii*, indica suelos alcalinos o salinos. Es la especie de *Opuntia* mejor diferenciada de sus congéneres del país.

Arbustos (cuando crecen a pleno sol), o más generalmente arbolitos (porque las ramas bajas se mueren al estar rodeadas de vegetación densa) de hasta 5 m de alto, muy ramificados. Artejos discoideos o algo ovados, pocas veces casi romboidales, más angostos en la base, grandes: 20 a 50 cm de largo, y 15 a 30 cm de ancho, verde azulados o grisáceos. Areolas muy separadas: sólo 12 a 20 por lado.

Como en toda la subfamilia, las verdaderas semillas de esta especie están rodeadas por una "cubierta funicular" o "arilo", de color blanquecino o algo castaño. En este caso ese arilo es grande, notable y duro.

Espinas ausentes o 1 (hasta 3), de 1 a 15 cm de largo, blancuzcas, gruesas, posiblemente las más largas de toda la familia.

Flores de 7 cm de diámetro, con los tépalos gruesos, rojo anaranjados; estilo con un reborde anular en su parte media o inferior; estigma aproximadamente 8 cm, lobulado, blanco y grueso. Frutos ovales, verde grisáceos, o verde amarillentos cuando maduros, con una malla de fibras muy duras bajo la cáscara. Semillas grandes: aproximadamente 8 mm de diámetro y 1 a 2 mm de espesor (incluyendo el arilo).

9 *Opuntia schickendantzii*

Frecuente en Salta (Escoipe, Guachipas), en el sudeste de Jujuy, Tucumán y Catamarca. Vive en el borde superior de la selva o en claros del bosque chaqueño, entre vegetación herbácea densa.

Plantas con forma de "arbolitos" de unos 50 a 60 cm de alto. Tronco cilindráceo, de unos 15 a 25 cm de alto y 3 a 4 cm de diámetro. Artejos verde claro y cilíndricos cuando jóvenes, luego más oscuros, muchas veces violáceos por exceso de sol, aplanados, algo oblicuos, de hasta 20 cm de largo, 2 a 3 cm de ancho y 1 cm de espesor, angostándose hacia la base, a veces tuberculados.

Espinas: 1 o 2, subuladas, de 1 a 2 cm en artejos jóvenes, hasta 6 cm cuando adultas. Hojas pequeñas: 2 mm de largo, rojizas, rápidamente caducas.

Flores de unos 4 cm de diámetro, amarillas, estambres y estilo blancos, cortos, estigma 6 lobulado. Frutos verdes por mucho tiempo, rojo vinoso cuando maduros, globosos, de aproximadamente 1,5 cm de diámetro, estériles o con pocas semillas.

> No se conoce con certeza la razón del nombre *Opuntia*. Aparentemente deriva de *Opuntium,* una antigua localidad griega donde, según Tournefort, crecían plantas similares a cactus, seguramente cardos.

Federico Schickendantz (1857-1896) fue un geólogo y químico que trabajó en dependencias oficiales en Tucumán. Por su profesión exploró —a caballo o en carro, únicos medio de transporte en esa época y zona— las montañas de Tucumán y Catamarca. Además poseía un establecimiento agrícola en Yacutúla, al norte de Belén (llamado hoy Agua Blanca, traducción exacta de la palabra Yacutúla). En sus muchos viajes coleccionó plantas, las que depositó en el Instituto Lillo y además las envió para su estudio a diversos especialistas, en el caso de los cactus a F. A. C. Weber, médico del ejercito francés que se destacó en el estudio de los cactus —en el Museo de Historia Natural de París—. Muchas de las descriptas por él del noroeste de la Argentina fueron enviadas por Schickendantz y otras por C. Spegazzini.

10 *Opuntia arechavaletae*

Frecuente en el Uruguay, sur del Brasil (Río Grande do Sul) y este de la Argentina. El tamaño y número de espinas disminuye en las poblaciones del este del Uruguay.

Tronco erecto, muy ramificado, 1 a 2,5 m de alto. Artejos gruesos, de contorno oblongo a oval espatulado, de 25 a 30 cm de largo, 8 a 12 cm de ancho y 5 a 8 mm de espesor, fuertemente ondulados, con 20 a 24 areolas en cada lado. Areolas sobresalientes, circulares a elípticas, de 4 mm de diámetro, blancas a grises. Espinas variables, 1 a 3, la central mayor, de 2,5 a 5 cm, las otras sólo 5 a 6 mm, blancuzcas a grisáceas con ápice castaño rojizo y base amarillo verdosa.

Flores numerosas, erguidas, amarillo limón o hasta casi blancas, raramente amarillo oscuro, de 6 a 7 cm de diámetro; pericarpelo de 6 a 6,5 cm de largo y 2 a 2,5 cm de diámetro, claviforme a cilindráceo, con pocas areolas. Frutos delgados y largos, 5 a 7 cm de largo y 2,5 cm de diámetro, púrpura violáceo por dentro y fuera, carnosos, ácidos.

Puede confundirse con *Opuntia elata*, de áreas parcialmente superpuestas, pero el receptáculo es delgado y largo (como un dedo), mientras que en *O. elata* es grueso y corto.

El género Opuntia es uno de los menos apreciados para cultivo como ornamental, debido a su rápido crecimiento, pero también a que —al igual que los otros géneros de esta subfamilia— llevan manojos de espinitas minúsculas que luego de clavarse en la piel son difíciles de extraer por sus asperezas (la punta de las células epidérmicas se separan del cuerpo de esa espinita y funcionan como anzuelos).

11 *Opuntia ficus-indica*

Otros nombres: *"Higo Chumbo" (a los frutos), "Higuera de las Indias", "Tuna".*

Es cultivada en toda la Argentina —salvo la Patagonia— por sus frutos comestibles y también como forrajera de emergencia en las provincias secas. Es originaria de México pero divulgada en todos los países de clima templado o tropical seco. Existe una forma casi sin espinas (fa. *ficus-indica*) y otra espinosa (fa. *amiclaea* = *O. cordobensis*), asilvestrada en Córdoba y provincias norteñas, aquí ilustrada (ver en la página 16 foto de la forma *ficus-indica*).

Plantas arbustivas o arbóreas, hasta 5 m de alto. Tronco leñoso bien definido. Artejos oblongos a espatulados, 30 a 50 cm de largo, 20 a 30 cm de ancho y aproximadamente 2 cm de espesor, verde opaco algo grisáceo, con areolas bastante separadas: 2 a 5 cm. Espinas ausentes o hasta 6 por areola, cortas, sólo 0,5 a 3 cm de largo, débiles, blancuzcas. Flores de 6 a 8 cm de largo x 7 a 10 cm de diámetro, amarillas, pocas veces anaranjadas. Frutos de hasta 8 cm de largo y 4 cm de diámetro,

tuberculados, ovales, amarillentos, rojizos o anaranjados, comestibles.

Existen numerosas variedades, cultivadas por los indígenas mexicanos desde antiguo, o por moderna selección realizada en los diversos países en que se cultiva (Estados Unidos, México, Chile, Italia, Israel...). La especie silvestre de la que se originó *O. ficus-indica* podría ser *Opuntia megacantha*; o más correctamente: una forma ancestral de la misma.

La completa naturalización de esta planta en los países mediterráneos puede notarse por el término "sabra", que designa tanto al israelí nativo como a la *O. ficus-indica*, y por la frecuencia con que aparecen en los paisajes e incluso en las sellos postales de los países que circundan el mar Mediterráneo.

12 *Opuntia sulphurea*

Otros nombres: "Quisco", "Kiska loro". *Sulphurea*: por sus flores amarillo azufre.

Plantas bajas, muchas veces con los artículos alineados y reptantes sobre el borde. Los artejos jóvenes son muchas veces ovoides, otras irregularmente trialados, etc.; los adultos son discóideos de 10 a 20 cm de diámetro, gruesos: de aproximadamente 3 cm, con muchos tubérculos cónicos notables, en cuyos ápices se sitúan las areolas. Éstas tienen unas 5 espinas irregulares de 2 a 6 cm de largo, mayormente blancuzcas, muchas veces retorcidas, las inferiores con menos espinas o sin ellas.

Flores rotáceas, amarillas, raramente rosadas, de aproximadamente 6 cm de largo y 5 cm de diámetro. Estilo de 4 a 5 cm, claviforme, estigma con unos 9 lóbulos gruesos. Frutos en forma de barril, de aproximadamente 5 cm de largo y 3,5 cm de diámetro.

Opuntia es el género de mayor número de especies en la familia de los cactus, posiblemente unas 300, las que viven desde el sur de Canadá hasta la Argentina. Extrañamente no están en Chile y son escasas en el Perú. Varias especies se divulgaron en zonas tropicales de todo el mundo.

Variedad *sulphurea* (foto derecha superior)
Esta variedad crece desde Mendoza a Catamarca, entre los 500 y 2.000 m de altitud, y se distingue de las otras dos por su porte y el color amarillo claro de sus frutos.

Variedad *hildemannii* = *O. vulpina*. "Ayrampu" (foto derecha inferior)
De Catamarca, Salta y Jujuy en la Argentina, y Bolivia, en los valles secos, entre los 2.000 a los 3.500 m s.n.m. Difiere de la variedad *sulphurea* por sus frutos rojo violeta por dentro y fuera, los que se utilizan para colorear comidas y telas. Una tercera variedad, var. *pampeana* (foto con flores), crece en el centro del país.

13 *Tunilla corrugata*

Otros nombres: O. longispina *(nombre mal aplicado). "Airampu" o "Airampo",* Airampo *es un nombre vernáculo frecuente para varias especies de* Tunilla *y también de* Opuntia *(O.* sulphurea*), con frutos rojos cuya pulpa y semillas se venden en los mercados, ya que sirven para colorear comidas y teñir telas. También se utiliza en infusión como febrífugo.*

Desde Mendoza hasta Salta, en las punas o laderas de la Prepuna. Los límites entre las especies del género no están bien conocidos, seguramente se trata de unas pocas. En muchos casos las poblaciones tienen flores de un solo color, o los diferentes individuos pueden tenerlas desde amarillas hasta rojas, e incluso observamos variación de color entre flores de la misma planta.

Plantas bajas, que forman céspedes extensos, de hasta 10 cm de alto. Artejos comprimidos, generalmente oblicuos, verde más o menos claro, de aproximadamente 3 cm de largo y 1 a 2 cm de ancho, tuberculados. Muchas areolas, de 20 a 30 en cada lado, cercanas, con 1 o 2 espinas centrales mayores: 1 a 2 cm y unas 5 a 8 radiales menores: 0,5 a 1,5 cm, todas grisáceas o rojizas.

Flores amarillas, anaranjadas o rojas, de aproximadamente 3 cm de diámetro, con filamentos y estilo blancuzcos o del mismo color que los tépalos; estigma verde, 6 a 8 lobulado. Frutos rojos, de unos 2 cm de diámetro, dehiscentes por una rajadura transversal. Semillas con arilo rugoso.

El género *Tunilla* se creó recientemente para unas pocas especies de *Opuntia* de pequeño tamaño y artejos en general asimétricos, que vive en las altiplanicies y montañas de Bolivia, sur del Perú y oeste de la Argentina hasta Mendoza, cuya diferencia más importante con respecto a *Opuntia* es tener el polen con "techo" (tectum) contínuo, mientras que en *Opuntia* es abierto (reticulado).

29

14 *Pterocactus fischeri*

Relativamente abundante en arenales o suelos sueltos del oeste de Río Negro, Neuquén y sur de Mendoza. Artejos cilíndricos, no ramificados, hasta 10 o15 cm de largo y 1 a 1,5 cm de diámetro, tuberculados, verde castaño, con numerosas espinas; las centrales aproximadamente 4, a veces sólo desarrolladas en la parte superior, de 1 a 3 (hasta 5) cm de largo, papiráceas, castañas con la base y ápice amarillentos, casi siempre dirigidas hacia abajo; espinas radiales aproximadamente 12 o más, de 6 mm, setáceas, blancuzcas; gloquidios sobresalientes, numerosos, de 3 a 4 mm, amarillentos.

Dedicada a Walter Fischer, su descubridor, quién vivió en Río Negro en los primeros años del siglo XX.

Flores de aproximadamente 2,5 cm de diámetro, amarillo cobrizas a castaño claro o rojas. Estilo fusiforme, rosado, que termina en un estigma 4 a 7 lobulado. Frutos en el ápice de las ramas, de 2 a 2,5 cm de diámetro, fuertemente tuberculados, con areolas bien desarrolladas, similares a las de los tallos. Arilos seminales 6 a 9 mm de diámetro y 2 mm de espesor, con el ala incompleta.

Cultivo: para todas las especies de *Pterocactus* se recomienda enterrar sólo parcialmente los tubérculos, en un suelo con gran proporción de arena.

15 *Pterocactus australis*

Es el cactus de distribución más austral, y de allí su nombre. Crece en laderas arenosas o pedregosas. Vive desde Neuquén hasta Santa Cruz, Río Gallegos y una pequeña población en Chile. Si bien es frecuente, resulta difícil de encontrar por crecer muchas veces entre pastos, donde sus espinas pajizas se confunden con éstos.

Las ramas están formadas por artejos cilíndricos o claviformes, de hasta 7 cm de largo x 1 a 1,5 cm de diámetro, verde castaño a rojizo. Espinas centrales: 1 o 2, de 2 cm, desarrolladas sólo en los ápices, dirigidas hacia arriba, aplanadas, anchas, blancuzcas a castañas o negruzcas. Espinas radiales 10 a 15, de 3 a 4 mm, blancas. Gloquidios pocos e inconspicuos.

Flores amarillas hasta rosadas o castaño rojizo, de 2 a 3 cm de diámetro. Receptáculo con areolas similares a las de los tallos, con las espinas más desarrolladas. Semillas de aproximadamente 3 mm de diámetro, lenticulares, cubiertas por un arilo rugoso, discoideo, de 4 a 6 mm de diámetro, irregularmente alado.

Pterocactus es un género de fácil identificación, pues sus especies tienen tallos pequeños, globosos o cilíndricos, generalmente con una gran raíz tuberosa, las flores insertas en el ápice de las ramas y las semillas rodeadas por un arilo alado, el que inspiró su nombre (*Pteron* = ala, en griego). Este arilo permite a las semillas diseminarse con la ayuda del viento, único caso conocido de diseminación anemófila en cactus.

16 *Pterocactus araucanus*

Especie descripta por A. Castellanos en 1964, pero casi ignorada en la bibliografía de cactus hasta hace poco tiempo. Araucanus: por la región donde crece, la Araucanía.

Se encuentra con relativa frecuencia en planicies arenosas del oeste de la meseta patagónica (Neuquén, Río Negro y Chubut).

Raíces grandes, del tamaño de un puño. Artejos globosos o en forma de pera, superpuestos, a veces tuberculados, de 3 a 4 cm de largo y 1 a 1,5 cm de diámetro, color gris castaño. Espinas aproximadamente 8, pectinadas, adpresas, pequeñas, de 3 mm, a veces arqueadas sobre los tallos, amarillentas a negruzcas con punta amarilla. Gloquidios ausentes. Flores de aproximadamente 4 cm de diámetro, rojizas a castañas; estambres y estilo amarillos. Frutos globosos de 2 cm de diámetro, con areolas similares a las de los tallos pero con las espinas algo mayores: 5 a 7 mm; semillas cubiertas por un arilo seminal irregularmente discoideo, de 4 a 9 mm de diámetro (3 a 6 mm sin el ala) y 2 mm de espesor, con el ala irregular, ondulada.

17 *Pterocactus hickenii*

Cristóbal Hicken fue profesor de Botánica en la Universidad de Buenos Aires a principios del siglo XX; construyó su casa no sólo como vivienda, sino con grandes salones para biblioteca y herbario, la que al morir legó al Estado argentino, y es donde hoy funciona el Instituto de Botánica Darwinion.

De gran parte de Chubut y Santa Cruz e incluso en regiones cercanas de Chile (Chile Chico).

Raíces alargadas, compuestas por varios segmentos. Artejos globosos a cilindroides cortos, de 2 a 3 (hasta 5) cm de largo y 1 cm de diámetro, completamente cubiertos por espinas, las que son numerosas: aproximadamente 20, de 1 a 2 cm, aciculares, rectas, más o menos rígidas, amarillentas con base castaña hasta completamente negras.

Flores desde amarillas hasta rojas, separadas o no de los tallos por un estrechamiento en la base del ovario; de aproximadamente 3 cm de largo y de diámetro, con las areolas del receptáculo espinosas, similares a las de los tallos. Estilo cilíndrico de 2 cm de largo, estigma con aproximadamente 5 a 6 lóbulos. Semillas cubiertas por el arilo de 7 mm de diámetro (5 mm sin el ala), con el ala estrecha e incompleta.

El género *Pterocactus* se consideró endémico de la Argentina hasta hace pocos años, cuando se encontró *P. hickenii* en territorio chileno, y más delante *P. australis* en la misma localidad. De todas maneras su distribución principal es en el país, en el oeste y en la Patagonia.

18 *Pterocactus tuberosus*

Otros nombres: P. kuntzei

Ampliamente distribuida en terrenos arenosos, a veces algo salinos, desde el sur de Salta hasta el extremo sur de Buenos Aires, distribución que coincide con la provincia botánica del Monte.

Raíces tuberosas grandes, hasta 10 cm de diámetro y algo más de largo, aguzadas hacia abajo. Tallos subterráneos: uno o más, a veces muy largos. Tallos aéreos cilíndricos, de 7 a 13 cm de largo y 0,5 a 1,5 cm de diámetro, castaños o verde castaños, con una mancha triangular oscura debajo de las areolas. Espinas: 8 a 12, pequeñas, 0,5 a 1 cm, blancuzcas.

Flores: 3 (hasta 5) cm de diámetro, amarillo o castaño hasta cobrizas; estigma 6 a 8 lobado, rosado o rojo oscuro, ocasionalmente verde; cavidad del ovario cilíndrica a fusiforme, de 1 a 1,5 cm de largo y 4 a 5 mm de diámetro, con areolas y coloración igual a la de los tallos, con las semillas dispuestas horizontalmente, muy ordenadas. Semillas rodeadas por un arilo de 1 a 1,2 cm de diámetro (0,5 cm sin el ala).

En 1897 se creó el género *Pterocactus* con esta única especie, al conocerse las peculiaridades de sus flores, que nacen en el extremo de las ramas, y sus semillas con el arilo extendido en forma de ala. Fue la primera especie conocida de *Pterocactus* (descripta bajo *Opuntia* en 1837) y su nombre se debe a que su raíz tuberosa llamó la atención de su autor.

19 *Cylindropuntia tunicata*

Otros nombres: Opuntia puelchana. *"Traicionera" (en Lihue Calel); "Cholla" (en EE.UU. y México)*

Se encuentran colonias aisladas de esta especie en Ecuador, Perú, Bolivia, norte de Chile y en la Argentina en La Pampa —sierras de Lihue Calel— y Mendoza —Guayquerías—. Seguramente fue propagada en la época preincaica, a lo largo de los caminos, llevada involuntariamente por los animales de carga (las llamas) o por animales silvestres. Sus espinas pueden atravesar el calzado y son difíciles de extraer por sus asperezas, las que funcionan como anzuelo. Es posible que la población de Lihue Calel constituya un solo clon, ya que sus frutos no producen semillas.

El nombre del género alude a la forma de sus tallos, mientras que el epíteto de la especie corresponde a la túnica o vaina que recubre sus espinas. Esa vaina está presente en todas las especies de este género; se desprende fácilmente, lo que no sucede en ningún otro género de cactus. Son plantas de México y EE.UU.; sólo esta especie migró a Sudamérica.

Pequeños "arbolitos" de 1 a 1,5 (hasta 2) m de alto. Ramas cilíndricas de 3 a 4 cm de diámetro y 10 a 30 cm de largo, con tubérculos de aproximadamente 2 cm de largo. Espinas: 6 a 10, blancuzcas, de aproximadamente 2 cm, cubiertas por una amplia vaina papirácea blancuzca.

Flores de 3 cm de largo, amarillas, frecuentemente con espinas en las areolas del pericarpelo. Frutos obcónicos, tuberculados, de aproximadamente 5 cm de largo.

35

20 *Puna bonniae*

El epíteto *bonniae* corresponde al nombre de la primera persona que encontró esta especie, Bonnie Brunkows.

En la época seca toda la planta se contrae y hunde en el suelo, hasta desaparecer. Con las lluvias sucede lo contrario: se hidrata y crece hasta asomar en la superficie, sus artejos se confunden con los guijarros circundantes. Esta especie, si bien no parece ser geófita estrictamente, adopta un comportamiento similar. Florece entre noviembre y febrero, dependiendo de las ocasionales lluvias. Crece al oeste de Fiambalá, en Catamarca, a aproximadamente 2.000 m s.n.m.

Raíces engrosadas, grandes: excepcionalmente de hasta 30 cm de largo y 15 cm de diámetro, adelgazadas hacia abajo. Pocos artejos: 2 a 5, raramente más, globosos o casi globosos, 1,5 a 2 (1,2 a 2,5) cm de diámetro, grisáceos o rojizos en invierno. Tubérculos bajos, 0,6 a 0,8 cm de diámetro, pentagonales, bien definidos por un surco notable, epidermis rugosa. Areolas algo alargadas verticalmente, de aproximadamente 1,5 (1 a 2,5) mm de largo, situadas aproximadamente en el centro de los tubérculos. Espinas 9 a 20, algo curvas, apretadas al tallo, de sólo 1 a 4 mm, castaño rosadas cuando jóvenes, luego castañas o negruzcas. Existen también poblaciones con plantas sin espinas.

Flores rosadas, de 3 a 4 cm de diámetro cuando están abiertas, con el receptáculo desnudo o con algunas cerdas en el borde; filamentos amarillos; estilo claviforme, rosa pálido, rematado por 4 a 6 lóbulos estigmáticos.

21 *Puna subterranea*

Subterránea; por crecer en gran parte bajo tierra, sólo las puntas de los tallos asoman cuando las plantas están deshidratadas.

De Jujuy (Yavi, norte de Humahuaca, El Moreno) y sur de Bolivia, en llanos arenosos y pedregosos, a aproximadamente 3.000 a 3.500 m s.n.m. Reduce mucho su volumen en la época desfavorable, asomando apenas del nivel del suelo y tomando un color verde marrón que la hace sumamente mimética.

Tallo simple, raramente ramificado, cilíndrico, corto, 2 a 4 cm de alto y 1 a 2 cm de diámetro que nace de una raíz de igual diámetro y hasta 2 (o 4) cm de largo. Tubérculos romboidales. Espinas: 1 a 7, cortas, adpresas, blancuzcas, de aproximadamente 1 a 2 mm de largo.

Flores amarillo castaño o rosadas, 2,5 a 3 cm de diámetro, rotáceas. Fruto de 12 a 15 mm de largo, con semillas cubiertas por un arilo blando de aproximadamente 4 mm de diámetro.

Puna reune solo 3 especies, que constituyen una excepción en la Subfamilia Opuntioideas, ya que no tienen gloquidios o éstos son muy reducidos, las areolas florales están simplificadas y se muestran sólo como una cicatriz en la axila de las escamas, y por sus espinas bien ordenadas, como dos peines a los costados de cada areola. Las espinas pectinadas son frecuentes en varios géneros de cactoideas. Además, entre muchas otras adaptaciones, sus tallos se hunden en el suelo en la época seca y fria, o más drástica-mente, desprenden sus tallos aéreos.

22 *Tephrocactus weberi*

Dedicado por Carlos Spegazzini al médico francés F.A.C. Weber (1830-1903), quien describió, entre otras, varias especies de cactus de la Argentina.

Vegeta desde Salta (Valles Calchaquíes) hasta San Juan, en laderas pedregosas secas entre los 700 y 1.200 m.

Plantas cespitosas, en matas de 10 a 18 cm de alto, artejos cilíndricos, erectos, tuberculados, densamente cubiertos por espinas, de 2 a 7 cm de alto y 1,5 cm de diámetro, verde amarillentos. Tubérculos más o menos romboidales. Areolas pequeñas, alargadas verticalmente, situadas en la parte superior de los tubérculos. Espinas inferiores: 3 a 5, adpresas, pequeñas, de 3 a 15 mm, más o menos hialinas, las superiores 2 a 5, erectas, más grandes: 3 a 5 cm, generalmente flexibles, hialinas, blancas, amarillas, rosadas o rojizas.

Flores apicales, que apenas asoman entre las espinas, de 2,5 cm de largo, amarillas o rojas. Estigma 6 lobado, verde. Frutos globosos, de algo más de 1 cm de diámetro. Semillas numerosas, rodeadas por el arilo irregular, de 5 a 6 mm de largo, amarillento castaño, a veces parcialmente hueco.

> Las especies de *Tephrocactus* son endémicas de los desiertos bajos y cálidos del oeste del pais. Es posible que la diseminación de las semillas se deba en gran parte al viento, como ocurre en *Pterocactus*.

23 *Tephrocactus geometricus*

El nombre *geometricus* se debe a sus tubérculos regulares y bien definidos. Es afín a *T. alexanderi*, pero con espinas mucho más gruesas (cuando las tiene); con los tubérculos mucho más marcados y de otra forma.

Su área está restringida al departamento Tinogasta, en Catamarca. Exploraciones recientes muestran que las plantas sin espinas, o con pocas y cortas, dispuestas sólo en las areolas superiores, tal como fueran descriptas por Alberto Castellanos, crecen en la quebrada del río Guanchín, al oeste de Fiambalá; en cambio, al sur de esa población, en llanos arenosos, los ejemplares de la misma especie tienen espinas más largas y gruesas, en mayor número y en más areolas que las mencionadas.

Matas de más de 15 cm de alto. Artejos globosos de 3 a 5 cm de alto y de diámetro, verde amarillentos. Tubérculos con 5 o 6 lados. Areolas inferiores inermes, las superiores con 3 a 5 espinas subuladas, fuertemente curvadas en la base, más arriba algo arqueadas, de 5 a 10 (y hasta 30) mm, blancuzcas a negras, adpresas.

Tephro en griego significa "grisáceo", por el color de los tallos. Comprende plantas en forma de arbustitos bajos, sus ramas están formadas por artejos arrosariados con las articulaciones frágiles; las areolas tienen gran desarrollo interno; los frutos son secos, con las semillas envueltas por un arilo corchoso muy liviano.

Flores de aproximadamente 3 cm de diámetro, blancas hasta rosadas. Frutos secos, deprimidos, de aproximadamente 1,7 cm de largo y 2,2 cm de diámetro, poco espinosos. Arilos seminales de aproximadamente 6 mm de largo, angulosos, irregulares, amarillo castaño.

24 *Maihueniopsis glomerata*

Otros nombres: "Quepo", "copana" (Jujuy); "quisco" (San Juan); "leoncito" (Chile).

Del sur de Bolivia, Chile a lo largo de la cordillera hasta Santiago y en el oeste de la Argentina. Vive en planicies arenosas o arcillosas, o en laderas pedregosas poco abruptas. En Jujuy entre los 3.000 a los 4.000 m; hacia el sur crece a menor altura; en San Juan, por ejemplo, entre los 2.300 y los 3.500 m. En algunas planicies se la encuentra en abundancia.

Es fácil de reconocer por sus ramas terminales verde oscuro con punta aguzada y sus espinas centrales aplanadas, muchas veces blancas con base y punta negra, aunque la proporción de estos colores es variable (desde completamente negras a completamente blancas o traslúcidas).

Cojines hemisféricos de hasta 1 m de alto y algo más de diámetro. Artejos ovales de ápice aguzado, de 2 a 4 (o 5) cm de largo y de 0,8 a 1,3 cm de diámetro, verde oscuro. Areolas: pocas en la mitad inferior de los artejos, más numerosas en la superior.

> Según algunos autores, las especies con espinas aplanadas y semillas lenticulares, con arilos blandos pertenecen al género *Maihueniopsis*; en cambio, distiguen como *Cumulopuntia* a las que tienen espinas cilíndricas y semillas piriformes con arilos duros.

Espinas sólo en las areolas superiores, sólo una principal (raramente 2 o 3), aplanada por ambas caras o aquillada en la inferior, de 2,5 a 5 cm de largo y 1 a 2 mm de ancho en la base, blanco plateadas o amarillentas, con el ápice oscuro; espinas secundarias generalmente ausentes o 2 a 5, pequeñas y poco notables, adpresas, de 0,5 a 1 cm de largo, hialinas, blancas o algo amarillentas.

Flores de 3 a 4,5 cm de largo y algo más de diámetro, amarillas, a veces con tonos castaños. Frutos globoso-truncados hasta cónicos, de 2 a 4 cm de largo y 1,8 cm de diámetro, amarillo claro, brillante (San Juan) o rojo ladrillo (Jujuy). Semillas rodeadas por el arilo duro, comprimido, lenticular, de unos 2,5 mm de diámetro.

25 *Austrocylindropuntia verschaffeltii*

Ambrosie Verschaffelt fue un cultivador francés de mediados del siglo XIX, colaborador de Charles Lemaire y de la revista *L'Horticulteur Universel*.

Ampliamente distribuida, desde Bolivia (La Paz) hasta Catamarca y La Rioja en la Argentina; su aspecto es variable. Crece a pleno sol o entre vegetación graminosa, entre 1.500 y 2.500 m s.n.m.

Llama la atención que los últimos artejos que crecen en cada temporada son completamente esféricos en lugar de cilíndricos, y se desprenden fácilmente. Esto es una estrategia de reproducción, ya que esos propágulos se esparcen gracias al viento o los animales, formando nuevas matas.

Cada mata tiene entre 3 y 25 tallos, muchas veces uno central grueso y corto a manera de tronco. Ramas de 1 cm de diámetro y largo variable: 1,5 a 10 cm, por lo que son desde globosas hasta cilíndricas, tuberculadas, rojizas en época de sequía; los artículos terminales crecidos a fin del verano son como bolitas que se desprenden fácilmente. Hojitas subuladas, 1 a 3 cm de largo, persistentes por 1 o 2 meses. Espinas sólo en areolas adultas, flexibles, 1 a 7, de 0,5 a 5 cm, a veces ausentes.

Flores de 3 a 5 cm de diámetro, rojo anaranjadas hasta rojas, pericarpelo verde; estambres rojos, estilo verde con estigma violáceo. Areolas con gloquidios y 3 a 9 espinas cerdosas de 0,8 cm. Frutos verdes hasta rojo anaranjados, globosos, truncados, de 3 cm de largo y 2 cm de diámetro. Semillas con arilo globoso piriforme, blancuzco, duro, de aproximadamente 4,5 mm de diámetro.

26 *Austrocylindropuntia shaferi*

Otros nombres: A. weingartiana.

J. A. Schafer fue un colaborador de Britton y Rose que viajó por Sudamérica en los primeros años del siglo XX, coleccionando cactus para la obra de estos monógrafos.

Esta especie vive desde el centro de Bolivia hasta cerca de Purmamarca, en Jujuy, en colinas secas (2.300 a 3.000 m).

Matas de hasta 50 cm de altura, con pocas ramas. Tallos de 4 a 5 cm de diámetro, cilíndricos, tuberculados, verde oscuro. Pelos largos escasos de 1 a 3 cm de largo. Hojas subuladas, prontamente caducas, de 1,5 cm de largo. Espinas: 10 a 20, de ellas 3 a 5 centrales más largas y fuertes, rojizas de 2 a 4 cm, las otras más débiles y hialinas, de 1 cm o menos. Flores rojo oscuras, de 3 cm de diámetro.

El nombre del género se refiere a su distribución austral y su hábito cilíndrico. Sus especies tienen tallos cilíndricos; hojas subuladas, largas y persistentes en las partes jóvenes; frutos carnosos e indehiscentes; semillas cubiertas por un arilo duro, piriforme. Viven en ambientes andinos, desde Ecuador a Chile y en la Argentina.

Frutos rojo oscuros por dentro y fuera, con areolas prominentes y notables que llevan muchos gloquidios. Semillas numerosas rodeadas por un arilo más o menos globoso o piriforme de 3 a 3,5 mm de diámetro.

27 *Rhipsalis monacantha*

Monacantha significa "con una espina", aunque algunos ejemplares pueden tener hasta 4 por areola. Por tener espinas se lo ubicó en *Acanthorhipsalis* y también se lo relacionó con *Pfeiffera*. En varias localidades convive con *R. lorentziana*, pero esta última se distingue por sus tallos de bordes convergentes, flores y frutos blancos, y por no tener espinas.

Crece en las selvas del sur de Bolivia y en Salta y Jujuy, cerca de los ríos o lugares con neblinas frecuentes, en la zona más calurosa del país, donde prácticamente nunca hiela.

De tallos aplanados, con nervadura central prominente, hasta 1 m de largo y 5 cm de ancho, bordes más o menos paralelos, sinuados. Areolas con 1 a 3 espinas de 1 a 2 cm, castañas. Es el único *Rhipsalis* de la Argentina con flores anaranjadas. Los frutos son angulosos, anaranjados hasta casi rojos, de aproximadamente 7 mm de largo y 6 mm de diámetro.

Rhipsalis es un género de cactus epifitos: viven sobre árboles, aunque también sobre rocas. Sus tallos son péndulos, sin espinas —o con pocas y generalmente débiles—, con flores pequeñas y frutos jugosos, inermes. Muchas especies tienen los tallos cilíndricos, otras aplanados (bialados), y alguna es 3 a 4 alada. Por esto y por presentar pocas piezas florales (pétalos, estambres, lóbulos del estilo...) y además por su especialización en vivir sobre árboles o rocas en climas húmedos, se considera que es un género especializado; una línea de evolución muy divergente.

43

28 *Rhipsalis aculeata*

Otro nombre: *"Suelda con suelda"*

Aculeata significa "con espinas", las que son persistentes. Es muy similar a *R. lumbricoides*, pero este último no tiene espinas o se le caen muy pronto. Además *R. aculeata* tiene tallos que se adhieren mucho más a los troncos de los árboles (son apenas péndulos) y ocupan ambientes mucho más secos.

Como todas las especies de *Rhipsalis, Selenicereus, Epiphyllum*, etc., las plantitas recientemente nacidas de semilla tienen tallos con varias costillas y espinitas densas, como pelitos. Estas formas juveniles son imposibles de identificar.

Se distribuye en la Argentina y Paraguay, en las provincias botánicas del Chaco y del Espinal. Corrientes y Formosa hasta Catamarca, Córdoba y Santa Fe.

Tallos cilíndricos, de 10 a 30 cm de largo y 4 mm de diámetro, verdes o algo castaños, densamente cubiertos de espinitas persistentes.

Raíces adventicias a lo largo de los tallos, los que se adhieren fuertemente a los troncos, raramente algunas ramas péndulas. Costillas continuas. Areolas con 6 a 10 espinitas blancas a castañas de aproximadamente 3 mm de largo, 0 a 1 central erecta y las otras aplicadas contra los tallos.

Flores laterales, color crema, abundantes, de cerca de 2 cm de largo. Pericarpelo elipsoide con leves costillas. Fruto globoso de 5 a 6 mm de diámetro, violáceo oscuro, con unas 20 semillas fusiformes de 1 a 1,2 mm de largo, parduzcas.

29 *Rhipsalis cereuscula*

Otro nombre: *"Suelda con suelda"*

El nombre vernáculo mencionado es aplicado a varias plantas más o menos similares, o de aptitudes medicinales supuestamente iguales. *Rhipsalis* viene de *rhips*, ramas de sauce, aludiendo a los tallos colgantes y flexibles, en griego. *Cereuscula* –diminutivo– se refiere a sus ramas cilíndricas, "con aspecto de pequeño *Cereus*".

Se lo encuentra con frecuencia en el sudeste del Brasil, Paraguay, Uruguay y en la Argentina en Misiones y Corrientes, es raro en Entre Ríos.

Son plantas adaptadas a climas húmedos, pero por vivir sobre los árboles soportan temporadas de sequía, ya que el agua de lluvia no queda en el sustrato. Sin embargo conviene pulverizarlas regularmente, o ponerlas al exterior, donde el rocío nocturno les dé la humedad que necesitan. Soportan en general temperaturas mínimas de 0° C, pero difícilmente menos.

Tallos al principio erectos, luego péndulos; los basales largos: hasta 30 cm, los otros sucesivamente más cortos: 0,5 a 2 cm, todos de aproximadamente 3 a 5 mm de diámetro, verde pálido, con pelos blancos en los ápices y articulaciones, a veces con raíces laterales. Areolas minúsculas, bastante separadas, protegidas por una bráctea triangular, y con unas pocas espinitas cerdiformes de 1 a 3 mm, flexibles y abundantes pelos cortos.

Flores de 1 cm de largo, blancas, apicales, más raro naciendo de las articulaciones. Frutos blancos, globosos, con el perianto marchito persistente. Semillas arriñonadas, con testa parduzca, rugosa.

45

30 *Rhipsalis baccifera*

Otro nombre: R. shaferi. *Baccifera: que produce bayas.*

Ampliamente distribuida; desde el sur de EE.UU. (Florida), por Centroamérica, islas del Caribe, selvas tropicales de Sudamérica y también en África central, Madagascar y Ceilán. Fácilmente distribuida por las aves gracias al mucilago pegajoso de los frutos. Las especies de *Rhipsalis* de África y Asia son poliploides derivados de *R. baccifera*. Común en el Paraguay oriental y en la Argentina en el nordeste y noroeste (Misiones, Corrientes, Formosa, Chaco, Salta y Jujuy). Muy posiblemente su distribución esté limitada por las bajas temperaturas, ya que ocupa áreas libres de heladas.

En América Rhipsalis se encuentra desde el sur de EE. UU. hasta Uruguay, con un total de unas 80 especies. Es el único género de cactus considerado natural de Asia y África, donde crecen 1 a 4 especies; varias teorías intentan explicar esta presencia. La más probable es la que sostiene que las aves marinas en sus migraciones llevaron semillas adheridas al cuerpo.

Ramas cilíndricas de hasta 0,5 a 1 m de largo y 4 a 5 mm de diámetro, con ramificaciones mayormente verticiladas. Areolas protegidas por una escama corta y ancha.

Flores numerosas a lo largo de las ramas jóvenes, blanco verdosas, pequeñas, de 8 a 10 mm de diámetro, con sólo 5 a 6 pétalos cortos y obtusos, estigma 4 lobulado, blanco, sobresaliente. Frutos globosos de 2 a 4 mm de diámetro, blancos o algo rosados.

31 *Pfeiffera ianthothele*

Pfeiffera: en honor a Louis Pfeiffer, botánico alemán de la primer mitad del siglo XIX, autor de varios libros y artículos y de numerosas especies de cactus. Ianthothele: aparentemente significa de bordes color violeta (del griego *iantho*: violáceo, y *thele*: borde).

Del este y sur de Bolivia y en la Argentina en el noroeste: Jujuy, Salta, Tucumán y Catamarca. Crece sobre varias especies de árboles en bosquecillos secos en el límite entre las selvas y el Chaco.

Tallos generalmente de sección cuadrangular, de 20 a 50 cm de largo y 2 a 3 cm de lado. Areolas en los bordes, con unas 6 a 7 espinitas rígidas, punzantes, de aproximadamente 1 cm, amarillentas o castañas.

> De acuerdo a sus flores pequeñas y diurnas, sin tubo, y a su habito epífito, *Pfeiffera* es afín a *Rhipsalis*. Se diferencia por tener numerosas espinas en sus tallos y también en sus flores y frutos. Comprende 2 ó 3 especies de la Argentina y Bolivia.

Flores de aproximadamente 1,5 cm de largo y de diámetro, cremosas o levemente rosadas, estambres y estilo también cremosos, estigma 8 lobulado. Frutos rosados, 1,5 cm de diámetro, algo traslúcidos, con las nervaduras y la masa de semillas visible; sus areolas son espinosas, con espinas algo más pequeñas que en los tallos. Semillas negras o castaño oscuro, en forma de coma.

La forma juvenil tiene los tallos más delgados (hasta 1 cm de diámetro), mayor número de costillas (aproximadamente 7), y numerosas espinitas débiles.

32 *Epiphyllum phyllanthus*

Es la especie de más amplia distribución para este género. De las selvas tropicales de México, Guatemala y Venezuela hasta Brasil, Bolivia, oriente de Paraguay y en la Argentina en el noreste.

Plantas erectas o péndulas de hasta 1,5 m de largo. Tallos principales leñosos, rígidos, con la parte basal cilíndrica, de 0,60 a 1,20 m de largo y 1 a 2 cm de diámetro. Tallos terminales aplanados, delgados, de 3 a 8 cm de ancho y hasta 1 m de largo, parcialmente erectos, la mitad superior generalmente péndula, color verde opaco, con los bordes corchosos, crenados, con una nervadura central notable. Areolas pequeñas: aproximadamente 2,5 mm de diámetro, tomentosas, inermes o con espinas rudimentarias.

Flores muchas veces arqueadas, blancas. Receptáculo delgado, cilíndrico de 20 a 25 cm de largo. Estilo largo, blanco, estigmas color crema hasta anaranjados. Tépalos blancos, cortos, muy abiertos. Frutos ovales, 7 a 9 cm de largo y 2 a 3 cm de diámetro, delicuescentes, rojo púrpura, con 4 a 5 costillas.

Phyllanthus: "hoja con flor", "hoja que florece". El nombre *Epiphyllum*, de *epi,* arriba y filo, hoja "por encima de las hojas", alude a su epifitismo casi obligado. Comprende unas 20 especies, que viven principalmente en las selvas tropicales centroamericanas; algunas se cultivan. Sus tallos son casi siempre aplanados, sin espinas, y sus flores nocturnas.

33 *Selenicereus setaceus*

Otro nombre: Mediocactus coccineus. Selenicereus *proviene del griego y significa "cereus de la luna" por sus flores nocturnas.* Setaceus: *que tiene setas, posiblemente por los tépalos exteriores muy delgados.*

Se encuentra en gran parte de Sudamérica: desde las Guayanas, por Brasil, este de Bolivia, Paraguay (Paraguay oriental y en el este del Chaco) y en la Argentina en el noreste. Vive en lugares soleados, por ejemplo sobre árboles que sobrepasan el nivel de la selva, o sobre árboles aislados (muchas veces algarrobos o palmeras) de ambientes intermedios entre la selva y la provincia botánica del Espinal.

Plantas generalmente epifitas, con ramas péndulas de sección triangular, de varios metros de largo y 2 a 4 cm de grosor, verde claro opaco. Areolas separadas aproximadamente 1 cm cuando jóvenes, luego 5 a 8 cm, con 2 a 4 espinas cónicas cortas: 1 a 3 mm, rojizas, luego castañas.

> Las especies de *Selenicereus* se caracterizan por ser epifitas, con raíces laterales, tallos casi siempre cilíndricos, flores grandes, nocturnas, con el receptáculo cubierto densamente por espinas delgadas y flexibles. Sus flores son grandes, nocturnas y en la base tienen grandes escamas con forma de hoja que llevan espinas en sus axilas.

Flores de 25 a 30 cm de largo y algo menos de diámetro, blancas. Areolas florales con pelos y cerdas, mayormente espinosas. Frutos ovales de 8 cm de largo y 5 cm de diámetro, tuberculados, rojos, dehiscentes, espinosos (la areola completa se desprende al madurar el fruto), semillas grandes, en forma de coma, de aproximadamente 3 mm, negras.

Las ramas de la forma juvenil tienen 4 o 5 costillas, y las areolas llevan varias espinas delgadas.

34 *Harrisia pomanensis*

Otros nombres: Ulúa, Ulva.

Seguramente encontrada por Federico Schickendantz (véase bajo *Opuntia schickendantzii*). El nombre parece aludir a la localidad Pomán, donde no la encontramos, aunque sí en otra localidad llamada Pomancillo (ambas en Catamarca). Las especies de *Harrisia* son autofértiles y de reproducción relativamente rápida; debido a esto, en las poblaciones aisladas se acentúan los caracteres peculiares de los ejemplares pioneros.

Común en la zona chaqueña de la Argentina (desde Jujuy hasta Córdoba y La Rioja). También en el sureste de Bolivia y en el Chaco paraguayo occidental. Vive en claros de la provincia botánica chaqueña, o bajo arbustos (mayormente jarillas) en la provincia del Monte.

Tallos ascendentes, de hasta 2 m de largo y 3 a 4 (hasta 5) cm de diámetro. Costillas: 5 a 6 (4 a 7), redondeadas, bajas y anchas: aproximadamente 2 cm de ancho cuando están hidratadas. Surco intercostal notable, levemente ondulado. Areolas separadas alrededor de 2 a 3 cm, de aproximadamente 4 mm de diámetro. Espinas rectas, subuladas, rígidas, rojizas cuando jóvenes, luego negras o grises;

radiales aproximadamente 6 a 7, de 2 a 3 cm, las inferiores más débiles; central: 1 (hasta 3), algo mayor, 3 a 5 cm; en areolas adultas muchas veces espinas adicionales.

Flores que nacen de tallos jóvenes, de 14 a 21 cm de largo y 15 cm de diámetro cuando abiertas. Escamas con axilas apenas pilosas. Estilo cilíndrico, blancuzco con base verdosa; estigma 15 a 20 lobulado, amarillento. Frutos globosos, rojos, con pulpa blanca, de 3 a 5 cm de diámetro, comestibles.

35 *Harrisia martini*

El autor de la especie, J. Labouret, en Francia 1854, la dedicó a "M. Martin, quien introdujo la especie, poseedor de una magnífica colección de cactus".

De Paraguay y la Argentina (Formosa, Chaco, Corrientes, Entre Ríos y Santa Fe), introducida en Sudáfrica, se convirtió en maleza.

Plantas arbustivas bajas: hasta 1 m de alto, muy ramificadas, trepadoras. Ramas de hasta 2 m de largo y 2 a 3 cm de diámetro, adelgazadas hacia el ápice, con 4 a 5 costillas onduladas. Espinas radiales, 3 a 5, poco notables, de hasta 0,8 cm; central: 1, de 2 a 3 cm, retrorsa.

Flores de aproximadamente 20 cm de largo, angostas, blancas, estilo verde, escamas sobre tubérculos notables, axilas con pelos cortos castaños y a veces con espinas cortas. Frutos rojos de 3,5 cm de diámetro, con areolas que llevan 3 a 5 espinas, en general de menos de 1 cm.

Género dedicado a Williams Harris, superintendente de los jardines públicos de Jamaica en la época en que Britton creó el género (1908). *Harrisia* tiene dos subgéneros: uno en el Caribe, con frutos no dehiscentes, amarillos (subgénero *Harrisia*), y otro del extremo austral de Sudamérica, con frutos rojos, que se abren espontáneamente (subgénero *Eriocereus*).

36 *Stetsonia coryne*

Otro nombre: "Cardón"

Planta abundante y llamativa en el paisaje en el oeste de la provincia fitogeográfica chaqueña: del este de Bolivia, oeste del Paraguay, y en la Argentina hasta el norte de Córdoba, de 300 a 800 m de altitud; en serranías bajas o llanuras, muchas veces cerca de salinas.

Coryne significa "clava" en griego, seguramente por la foma de las plantas jóvenes nacidas de semilla. *Stetsonia*, dedicado por Britton y Rose a Francis Lynde Stetson, de Nueva York, comprende sólo una especie y sus afinidades con otros géneros no se conocen. Su aspecto es similar al de los *Cereus*, pero sus flores, frutos y semillas son muy diferentes.

Plantas de 5 a 10 m de alto, con tronco grueso y corto: aproximadamente 1 m de alto y 0,80 m de diámetro, sin espinas, corchoso, castaño, con arrugas horizontales. Copa densa de aproximadamente 5 a 8 m de diámetro. Brazos largos y ramificados, no articulados, verde oliva opaco o algo azulado, de 10 a 15 cm de diámetro, con el interior mayormente seco, con textura y aspecto de corcho. Costillas: 8 a 10, obtusas, bajas. Espinas: 7 a 9 subuladas, negras, 1 a 2 centrales de hasta 8 cm, las otras radiales de aproximadamente 3 cm.

Flores blancas de (7-) 15 cm de largo, abiertas 1 a 3 días, con numerosas escamas imbricadas en la zona del ovario. Frutos amarillos o algo rojizos, globosos u ovales, jugosos, con escamas pequeñas. Semillas de aproximadamente 1,3 mm de largo, rugosas, opacas.

Una publicación de Arenas y Scarpa menciona numerosas utilidades de esta especie, como el consumo de los frutos por pobladores y sus animales, el agua que se le puede extraer al masticarlos, el uso de los tallos como cercos vivos, de las espinas para agujas, de la madera para muebles, como también en medicina y ornamento.

37 *Monvillea spegazzinii*

Otro nombre: Monvillea marmorata.

Del Chaco de Bolivia, Paraguay y centro norte de la Argentina (Formosa, Chaco y Santiago del Estero). Crece en bosquecillos xerófilos bajos y espinosos. Es fácil de reconocer por su epidermis veteada y sus espinas dispuestas en "Y".

Son plantas erectas de hasta 1,5 m, o hasta 3 m de alto cuando son apoyantes. Ramas generalmente con 3 a 4 (hasta 5) costillas, cuando jóvenes de 1 cm de ancho, verde grisáceas con vetas blanquecinas; luego 2 a 3 cm de ancho, y más pálidas. Areolas jóvenes con 3 espinas dispuestas en "Y", adpresas, de aproximadamente 1 cm, en las adultas hasta 6, hasta de 2 cm, más salientes, color negro azabache.

Monvillea recuerda al "Señor de Monville", noble del norte de Francia aficionado a los cactus. El epíteto *spegazzinii* le fue dado por Britton y Rose en honor al conocido botánico italoargentino. Por sus caracteres florales es afín a *Cereus*. Sin embargo sus frutos y especialmente sus semillas son muy diferentes, por lo que parece preferible mantenerlos separados. Comprende unas 16 especies sudamericanas.

Flores de 10 a 12 cm de largo, estrechas, infundibuliformes, blancas, por fuera verdes algo rojizo. Fruto casi cilíndrico de aproximadamente 4 a 5 cm de largo y 2 cm de diámetro, completamente rojo vinoso, sin escamas, dehiscente por rajaduras longitudinales.

Es una hermosa planta para cultivar por el veteado claro de los tallos y las espinas contrastantes, muy negras, que cuando son jóvenes están apoyadas sobre los tallos; luego se engrosan y yerguen. Frecuentemente forma híbridos estériles con varios *Cereus* y por eso se encuentran plantas aisladas, no veteadas y algo más gruesas, que normalmente no florecen y jamás fructifican.

38 *Cereus uruguayanus*

Otro nombre: Cereus peruvianus (mal aplicado).

Cereus uruguayanus habita en todo el Uruguay, sur de Brasil (en áreas abiertas, no en las selvas), isla Martín García y apenas en Entre Ríos. En Buenos Aires se lo encuentra, así como otras especies similares, frecuentemente cultivado y es posible que sea natural de esta área.

Plantas arbóreas o arbustivas, hasta de 6 m de alto. Ramas varias, de 8-12 cm de diámetro, verde grisáceo, cubiertas de cera gris cuando son jóvenes. Costillas típicamente 8 ó 9, relativamente bajas para el género: 3 a 3,5 cm, redondeadas.

El nombre *Cereus peruvianus* es un error histórico. Le especie a la que originalmente se llamó de esta forma corresponde a una especie del Caribe, del género *Stenocereus*. Las plantas llamadas "Cereus peruvianus monstruosos" seguramente corresponden a más de una especie, difícil de identificar.

Espinas 5 a 10, muy similares entre ellas, de 1,5 a 2 cm, rectas, muchas veces negras, o sinó castaño rojizas. Flores nocturnas, blancas, de solo 15 a 18 cm de largo, con pocas escamas en el pericarpelo. Frutos rosados por fuera, blancos por dentro, abriendose por 2 a 4 rajaduras que comienzan de su extremo (se abre "en flor"), con semillas negras, rugosas, de 1,5 mm.

39 *Cereus æthiops*

Æthiops (léase *etióps*) significa "de Etiopía", alegoría para decir "negro", por sus espinas color azabache.

Habita en el oeste de la Argentina, en la provincia fitogeográfica del Monte, entre los 0 a 800 m, desde Salta hasta Neuquén, y también en Buenos Aires tanto en el extremo sur como en las barrancas del río Paraná.

Plantas de hasta 2 (raramente 2,5) m de alto, poco hasta muy ramificadas, erguidas o apoyantes. Ramas de 30 a 70 cm de largo (en ocasiones mucho más) y 5 cm de diámetro, verde azuladas. Costillas: 7 u 8, bajas y obtusas. Espinas: aproximadamente 10, negras o grisáceas, una central erecta de 2 a 5 cm, las radiales de 1 a 2 cm.

> En el sentido actual, *Cereus* comprende cactus sudamericanos con forma de candelabros, con tallos cilíndricos, costillas generalmente altas y flores grandes, estas últimas sin escamas (o con muy pocas) ni pelos.

Flores blancas, nocturnas, de 15 a 22 cm de largo y 12 cm de diámetro. Pericarpelo y receptáculo verdes, con 1 a 4 escamas apenas notables. Fruto oval a elíptico, de 5 a 6 cm de largo, verde castaño a rojizo, truncado en el ápice. Semillas negras de 2 mm, algo verrugosas.

Antiguamente en *Cereus* se ubicaban todos los cactus con tallos cilíndricos, incluso *Trichocereus*, *Cleistocactus*, *Oreocereus*, *Stetsonia* y muchos otros de distintos países, e incluso algunos tan diferentes como *Pfeiffera*, *Rhipsalis*, etc. La desmembración en distintos géneros se hizo gradualmente, al irse conociendo las formas y características de sus flores y frutos. En otras palabras, la clasificación fue evolucionando desde considerar solo la forma de los tallos a dar luego mayor importancia a las flores y finalmente a considerar todas las características, desde las más visibles hasta las que requieren laboriosos análisis.

40 *Trichocereus atacamensis*

Otros nombres: T. pasacana. *"Pasacana", "Cardón".*

Es el cardón por excelencia, el que ocupa un lugar importante en el paisaje del noroeste argentino y también en la vida de sus habitantes. Se distingue porque las espinas por encima de los 1,5 o 2 m son débiles, como cerdas, y desde lejos le dan aspecto de cabellera. Tiene aproximadamente el doble de costillas y flores de la mitad de tamaño que *T. terscheckii*, el Cardón del Valle.

Crece en Bolivia y en la Argentina, desde Jujuy hasta Catamarca, en la provincia botánica prepuneña, y es un elemento que la caracteriza. Ocupa laderas rocosas, semiplanicies y planicies entre los 2.000 a 3.000 (hasta 3.500) m. En Chile (Atacama) sus poblaciones son más reducidas.

Plantas arborescentes, con tronco y copa definidos, en forma de grandes candelabros de hasta 15 m de alto. El tallo central sobrepasa las ramas, tiene hasta 50 cm de diámetro, con unas 40 costillas. Ramas cercanas y paralelas al tronco, de 20 a 25 cm de diámetro, con unas 20 a 30 costillas obtusas de 2 cm de alto. Espinas: muchas, rectas, castaño amarillentas; en la parte inferior de los tallos (hasta 1,5 m de alto), gruesas, subuladas, largas y rígidas, de hasta 13 cm; más arriba (zona florífera), delgadas y flexibles, como cerdas blancuzcas o amarillentas de unos 4 cm de largo.

Flores en la parte superior del tronco y ramas; acampanadas, de aproximadamente 15 cm de largo y 13 cm de diámetro, densamente cubiertas de pelos castaños a blancuzcos; perianto blanco o cremoso.

Frutos verdes, globosos, dehiscentes por 3 a 4 rajaduras longitudinales, de aproximadamente 5 cm de diámetro, cubiertos por pelos blancuzcos, con pulpa blanca agridulce; estilo persistente. Semillas negras, opacas, de 1,5 mm de diámetro, en forma de urna.

Vengo del cerro trujiendo una flor,
Virgen del Valle, la truje pa vos...
pa que alivies mi dolor,
lai de poner en tu altar,
la flor del cardón, la flor del cardón...
(copla popular)

41 *Trichocereus tarijensis*

Otros nombres: Trichocereus poco. *"Poco-Poco", "Cardón", "Achuma"*

Del sur de Bolivia y en la Argentina en Jujuy, al norte de Tilcara. Ocupa laderas entre los 3.200 y 4.200 m.

Plantas en forma de columna simple, rara vez ramificada, de 1 a 5 m de alto y 20 a 30 (hasta 40) cm de diámetro. Costillas: aproximadamente 25, continuas, rectas, de 2,5 cm de alto y 3 cm de ancho. Areolas grandes, de aproximadamente 1 cm de diámetro, prominentes, separadas unos 7 mm, casi contiguas en el ápice. Espinas: 50 o más, aciculares, flexibles, rectas o pocas veces onduladas, de 4 a 8 cm.

Flores rojas o rosadas, raramente cremosas, acampanadas, de aproximadamente 12 cm de largo, por fuera densamente cubiertas de pelos castaños a blancuzcos.

> *Trichocereus* es un género andino: de Ecuador hasta Chile y la Argentina. Sus especies se caracterizan por los tallos cilíndricos con costillas bajas y sus flores grandes, con tubo ancho, densamente cubierto por pelos. Tres especies de la Argentina son columnares grandes, arbóreas; otras varias son arbustos bajos y una especie es rastrera.

Estigma amarillo con aproximadamente 18 lóbulos de 1,5 cm. Frutos ovales de 3,4 a 5 cm de largo y 2,3 cm de diámetro, verdes o rosados, pulpa blanca. Semillas arriñonadas, de 1,3 a 1,5 mm, negras, finamente punteadas.

Los frutos son comestibles y se los llama "pasacana". La madera es utilizada para pequeñas artesanías, y sus orificios son menores que en *T. atacamensis*, por lo que dan una mejor terminación.

42 *Trichocereus andalgalensis*

Plantas cespitosas; tallos cilíndricos, ascendentes, de hasta 40 (raramente 80) cm de alto y 5 cm de diámetro, verde claro. Costillas: aproximadamente 14, redondeadas, lisas, de 0,5 cm de alto. Espinas: aproximadamente 11, amarillas con ápice rojizo, una central algo inclinada hacia abajo y las otras radiales, dispuestas de a pares, de 1 a 1,5 cm, más delgadas.

Flores diurnas, que nacen cerca del ápice de los tallos, de 7 (raramente hasta 10) cm de largo y aproximadamente el mismo de diámetro; pétalos rojos (en Ambato), aunque también amarillos o anaranjados (en Ancasti). Estambres en dos series, con filamentos del mismo color que los tépalos.

> *Trichocereus* significa "*Cereus* con pelos*", aludiendo a los que cubren el tubo floral; *andalgalensis*: de Andalgalá, Catamarca. Como en todas las especies de *Trichocereus*, sus frutos son comestibles, aunque posiblemente poco aprovechados.

Estigma amarillo con unos 14 lóbulos. Frutos amarillo anaranjados, dehiscentes, globosos, de 3,5 cm de diámetro, con pulpa blanca, dulce. Semillas negras, con cresta longitudinal, algo alargadas, de 1 mm de largo.

De Catamarca; en la ladera oeste de la Sierra de Ambato, también en las de Ancasti, Graciana y del Manchado.

Muchas veces es confundida con *T. huascha*, de la que se distingue por su tamaño menor y especialmente por la disposición regular de las espinas.

43 *Trichocereus huascha*

Otro nombre: *"Pusquillo"*

"Huascha", o "guacho", es un término quichua que significa "silvestre", "sin padres", usado para cualquier planta o animal silvestre. En su localidad original los pobladores no aplican ese término para esta planta, sino "pusquillo", nombre frecuente para cactus de bajo porte en todo el noroeste.

Descripto para Yacutula (al norte de Belén, en Catamarca), donde es abundante, llegando apenas hasta La Rioja al sur y al campo de los Pozuelos como límite norte. Son amplios valles secos, de mediana altitud (1.000 a 2.000 m.s.m.)

Tallos simples, ramificados sólo en la base, erectos o ascendentes, hasta poco más de 1 m de alto y 4 a 5 (hasta 10) cm de diámetro, verde claro cuando jóvenes, verde grisáceos cuando viejos. Costillas: aproximadamente 15 a 17, bajas, obtusas. Espinas numerosas: 11 a 19, desiguales, unas 9 a 11 radiales, aciculares, de 1,2 cm; 1 a 3 netamente centrales más gruesas de 2 a 7 cm y otras intermedias; todas color amarillo sucio o algo rojizo hasta castaño, luego grisáceas por decoloración.

Flores acampanadas, amarillas, raramente blancas o anaranjadas, de unos 10 cm de largo y 6 a 7 cm de diámetro, por fuera verdes con pilosidad amarilla hasta castaña. Estilo blanco, verdoso en la base; estigma amarillo con aproximadamente 16 lóbulos. Frutos globosos a ovales, de aproximadamente 3 a 5 cm de diámetro, color amarillo limón, algo verdoso o rojizo. Semillas negras, brillantes de 1,4 mm, arriñonadas.

44 *Trichocereus lamprochlorus*

Lamprochlorus: del griego, *lampro*: brillante y *chlorus*, verde.

Frecuente en las sierras Grandes y Chicas de Córdoba y en La Rioja, en planicies; también en las sierras de Malazán y de los Llanos. En esta última provincia presentan mayor talla y diámetro, con coloración más oscura. A primera vista recuerda a *T. candicans* por las areolas grandes y blancas.

Tallos cilíndricos de 0,5 a 1 m de alto y 6 a 9 cm de diámetro, ramificados en la base, verde brillante cuando jóvenes, luego más opacos y oscuros. Costillas, 12 (11 a 15), onduladas. Areolas sobresalientes. Espinas amarillo hialino, con la base oscura, centrales: 4, en cruz, de 3 a 8 (hasta 10) mm; radiales numerosas: 15 a 19, más delgadas, de hasta 7 mm.

Flores blancas de aproximadamente 21 cm de largo y 14 cm de diámetro, por fuera verdes con pelos densos, rojizos o castaños. Estigma con unos 19 lóbulos, amarillos. Frutos amarillo anaranjados, globosos, pilosos, de aproximadamente 4 cm de diámetro.

45 *Trichocereus thelegonus*

Otro nombre: *"Cola de león"*

Crece desde Jujuy hasta Tucumán y noroeste de Catamarca, en laderas desnudas o bajo arbolitos espinosos del Chaco serrano o más raramente en la transición de éste con las Yungas.

Tallos cilíndricos, rastreros, con sólo la punta levantada, o algo erguidos al crecer en lugares húmedos y sombríos, de 2 (hasta 8) m de largo y 6 a 8 cm de diámetro, con raíces laterales. Costillas, 10 a 13, formadas por mamelones hexagonales de 0,5 cm de alto y 1 cm de ancho y largo, con areolas en sus ápices. Espinas castaño claras hasta negras; unas 6 a 8 (hasta 11) radiales de 1 a 2 cm y una central de 2 a 4 (hasta 8) cm, recta, o cuando muy larga irregularmente arqueada.

Flores grandes, blancas, de unos 20 cm de largo y 15 cm de diámetro, inodoras o con leve aroma a rosas. Frutos más o menos globosos, de aproximadamente 5 cm de diámetro.

Thelegonus: con bordes en zig-zag. Es el único *Trichocereus* postrado, rastrero. Es impresionante observar algunas laderas en Salta (Alemania) donde estas plantas semejan numerosas y enormes serpientes que se entrecruzan.

46 *Trichocereus strigosus*

Otros nombres: *"Velas de la Virgen", "Cola de zorro"*

Strigosus significa "flaco", "seco". Sin duda es uno de los cactus que soportan el clima más seco del país. Otra acepción podría ser "áspero" o "pinchudo".

Del oeste de la Argentina (sur de Catamarca hasta Mendoza), en planicies o laderas secas con vegetación de Monte, entre los 500 y 800 m s.n.m., convive con *T. candicans*, con el que suelen formar híbridos más o menos estériles.

Florece abundantemente a principios de diciembre, aunque se encuentran flores entre octubre y marzo. Las hormigas comen la pulpa de los frutos, distribuyendo así las semillas y dejando los frutos vacíos sobre la planta.

Plantas cespitosas, en matas de hasta 60 cm (hasta 1 m) de alto y de diámetro. Tallos simples, ramificados sólo en la zona basal, erectos o ascendentes, de 5 a 6 cm de diámetro, verde claro hasta oscuro, muy espinosos. Costillas 15 a 18, bajas: 2 a 4 mm de alto y 8 mm de ancho, obtusas. Espinas numerosas, variables en color y tamaño, de disposición irregular, generalmente rosadas hasta rojo opaco oscuras, aunque también más claras; radiales: 9 a 16, de 1 a 5 cm; centrales: cerca de 4, de hasta 7 cm, como agujas delgadas, similares entre sí.

Flores laterales, acampanadas, delgadas (menores a 2 cm de diámetro por encima del ovario) de 20 a 22 cm de largo. Escamas del pericarpelo y piezas exteriores y medias del perianto delgadas y largas. Interiores blancas (amarillas en algunas poblaciones de La Rioja). Frutos de 4 a 6,5 cm de diámetro, amarillos a anaranjados. Semillas negras de 1,5 mm, brillantes, finamente punteadas.

47 *Trichocereus candicans*

Candicans: significa "blanco puro" (de allí "cándido"), por el color de sus tépalos internos.

Se distribuye desde el sur de La Rioja, en San Juan, San Luis, Córdoba, Mendoza, algunas sierras bajas en La Pampa, sur de Buenos Aires y norte de Río Negro.

Plantas cespitosas, en matas densas, bajas, cerca de 60 cm a 1 m de alto. Tallos ascendentes, verde pálido, de 13 a 16 cm de diámetro. Areolas grandes, lanosas. Costillas: 9 (hasta 11), anchas. Espinas subuladas, generalmente rectas, a veces algo arqueadas, amarillas a castaño claro, algunas con bandas más oscuras. Radiales: 9 a 12, de 2 a 6 cm; centrales: 4, más gruesas, de 3 a 11 cm.

Flores blancas, de 18 a 23 cm de largo y 11 a 19 cm de diámetro, con aroma a jazmín, por fuera verdes con tépalos rojizos.

Estigma con 17 a 20 óbulos de aproximadamente 1,5 cm de largo. Frutos globosos o algo alargados, de aproximadamente 5 cm de diámetro, dehiscentes, amarillo dorado a rosado, con el perianto seco persistente y pulpa dulce. Semillas negras, de 1,5 mm de largo, verrugosas, en forma de coma.

48 *Setiechinopsis mirabilis*

La única especie del género crece en suelos salobres, muchas veces a la sombra de arbustitos de *Atriplex* (cachiyuyos). Sus flores —estrictamente nocturnas— se cierran rápidamente al iluminarlas. Son autofértiles, como puede observarse en cultivo, donde espontáneamente producen semillas en abundancia. Su vida es relativamente corta —posiblemente tres a cinco años— y es de reproducción rápida por semillas. Seguramente las poblaciones son afectadas por el ascenso periódico de la capa de sal y eventualmente disminuyen o desaparecen en algún año.

Tallos simples, en forma de huso, de 15 (hasta 20) cm de alto y 2 a 4 cm de diámetro, verde castaño o morado. Costillas: 11 a 12, bajas, continuas. Espinas rectas, castañas hasta negras, radiales 9 a 14, generalmente más claras; central: 1, rígida, de 1,5 cm.

De *seta* y *Echinopsis*: "Echinopsis con setas" (cerdas), quizá porque las escamas del tubo floral terminan en puntas delgadas. *Mirabilis* significa "admirable", "sorprendente". El nombre local mencionado por Spegazzini, "Flor de la oración", se debe a que sus flores abren al atardecer ("a la oración"), la hora del rezo diario.

Flores nocturnas, con tubo delgado y largo y tépalos blanco níveo, muy abiertos, naciendo de la parte superior de los tallos, 7 a 15 cm de largo. Frutos en forma de huso, de aproximadamente 4 a 6 cm de largo y 1 a 1,5 cm de diámetro, morados o castaños, dehiscentes por una larga rajadura longitudinal. Semillas castaño oscuro, de 1,5 mm de diámetro, globosas.

49 *Cleistocactus baumannii*

Otros nombres: *"Cola de gato", "cola de zorro"*

Cleisto significa "cerrado", aludiendo a sus flores, que abren poco. *Baumannii* por el horticultor francés Baumann, de la época de su descripción (1844).

Crece en Paraguay, Bolivia y la Argentina —donde es la especie más común de este género— en las provincias fitogeográficas del Chaco y del Espinal, desde Jujuy y Salta, por Catamarca, La Rioja, Córdoba, Formosa, Chaco, Santiago del Estero, Santa Fe, Corrientes y Entre Ríos, pero también en suelos arcillosos del extremo norte de la provincia pampeana. Presenta gran variación.

Tallos simples de hasta 2 m, o más cuando apoyantes, y 3,5 a 5 cm de diámetro. Costillas: 12 a 16. Espinas: 15 a 20, blancas, amarillas o castañas, desiguales, de hasta 4 cm. Flores levemente curvadas en forma de S, rojas o anaranjadas, de 7 a 12 cm de largo y 1 cm de diámetro. Frutos de 1 a 2 cm de diámetro, rosados a rojos.

50 *Cleistocactus smaragdiflorus*

Smaragdiflorus significa "flor de esmeralda", por el color verde de los tépalos.

De Bolivia y norte de la Argentina: Jujuy, Salta, Formosa, Chaco, Tucumán, Catamarca, Santiago del Estero, La Rioja y Córdoba, entre los 500 a 1.000 m. Vive en las montañas subandinas, por encima o en claros de la selva o del bosque chaqueño húmedo.

Tallos similares a los de la especie anterior, aunque generalmente menores; de cerca de 1 m de alto y 2,5 a 3,5 cm de diámetro. Flores cilíndricas, rectas, por fuera rojo oscuro hasta claro, con el perianto verde; estambres rojos y estigma verde.

Las especies de *Cleistocactus* tienen las flores con un tubo cilíndrico muy largo en relación con sus tépalos, los que son cortos y poco abiertos. Flores similares encontramos en *Oreocereus* y *Denmoza*, como también en géneros de Bolivia y Perú (*Borzicactus*, *Matucana*, etc.). Estas flores están adaptadas a la polinización por colibríes y sería muy interesante un estudio combinado de aves y plantas. En Bolivia se encuentra una sorprendente variación de este género, mientras que en la Argentina hay solo cuatro especies.

Frutos de 1,5 cm de diámetro, rosados a rojos.

Las flores rectas de *C. smaragdiflorus* y las curvas, en forma de S, de *C. baumannii* seguramente se corresponden a la forma y tamaño del pico de diferentes especies de picaflores que los polinizan, aunque también es posible que intervengan otros agentes menos especializados en este proceso.

51 *Oreocereus celsianus*

Otro nombre: *"Cardón blanco".*

Oreocereus significa *"Cereus* de las montañas". *Celsianus* por F. Cels, horticultor francés, de Maine, de fines del siglo XIX.

Del sur de Bolivia y norte de Jujuy: de Tres Cruces a La Quiaca, en laderas suaves con orientación este y norte, entre 3.500 a 4.000 m. Forman bosquecitos puros y constituyen una de las mayores bellezas del paisaje. Algunos pocos ejemplares tienen menor cantidad de pelos, o éstos son castaños. Plantas de 1,5 a 3 m de alto, ramificadas cerca de la base. Tallos columnares, de aproximadamente 20 cm de diámetro, verde claro hasta oscuro o grisáceo. Costillas: 10 a 17 o más, redondeadas, algo hinchadas bajo las areolas, de 1,5 cm de alto y 2 cm de ancho. Espinas radiales, aproximadamente 9, rígidas, duras, de aproximadamente 2 cm; centrales: 1 a 4, subuladas, rígidas, generalmente amarillas (a castañas), de 8 cm. Muchos pelos blancos gruesos, cerdosos, de aproximadamente 7 cm.

Flores que nacen de areolas superiores, tubulosas, apenas arqueadas, de 7 a 9 cm de largo y 1,5 cm de diámetro, receptáculo y perianto rojo salmón. Estambres sobresalientes, con anteras rojas. Estilo verde, estigma rojo. Frutos huecos, similares a un pimiento: con pared carnosa gruesa, amarillos, de 3 a 5 cm de diámetro y algo más de largo, dehiscentes por un orificio basal. Semillas grandes: 2 a 2,5 mm, negras, rugosas, opacas.

Las paredes carnosas del fruto tienen sabor suave a limón y son comidas por roedores.

52 *Oreocereus trollii*

Otros nombres*: "Cardoncito blanco", "Ovejita", "Vicuñita". Se sospecha que algunos nombres co-munes fueron inventados por los visitantes o por sus guías en la zona de Humahuaca.*

Aunque fueron extraídas en cantidad por los turistas, en lugares alejados de los caminos siguen siendo frecuentes. A pesar de su aspecto tan atractivo, su explotación comercial fue reducida porque la gran mayoría de los ejemplares mueren al ser transplantados.

De Bolivia y norte de la Argentina en Jujuy: Humahuaca a La Quiaca, en planicies y laderas entre 3.000 a 4.500 m. En algunas localidades convive con *O. celsianus*, sin formar híbridos.

Plantas con varios tallos, ramificados en la base. Tallos cilíndricos de hasta 1 m de alto y aproxi-madamente 15 cm de diámetro, verde grisáceo. Costillas: 15 a 25, redondeadas, tuberculadas y con surcos transversales. Espinas radiales: 10 a 15, delgadas, flexibles, de 2 a 3 cm; centrales: 1 a 3 (hasta 4), rígidas, subuladas, amarillentas a castañas, de aproximadamente 5 cm. Pelos largos, lanosos, suaves, de aproximadamente 7 cm, densos.

Flores rojas, de aproximadamente 4 cm de largo y 1 cm de diámetro, tubulares, apenas arquea-das, con los estambres y el estigma sobresalientes, rojos. Frutos de 3 cm de diámetro, amarillentos, aproximadamente globosos. Semillas similares, algo más pequeñas que en la especie anterior.

Cultivo: las plantas originadas de semilla se adaptan bien al cultivo; en cambio es muy difícil aclimatar plantas extraídas de la naturaleza. Como todos los cactus del noroeste, deben ser regados sólo en verano y en este caso con mucha moderación. El suelo bien drenado es importante. Necesitan gran insolación. El frío (seco) de invierno y verano les gusta.

53 *Denmoza rhodacantha*

Denmoza es el anagrama de Mendoza, donde esta especie fue descubierta a principios del siglo XIX por John Gillies. *Rhodacantha* significa "de espinas rojas".

Desde el sur de Mendoza, San Juan, La Rioja, Catamarca y Salta (Valles Calchaquíes) entre los 1.000 y los 2.500 m. Encontrada recientemente en el extremo Norte de Neuquén.

Columnas simples de 1 a 2 m de alto y 30 cm de diámetro, verde oscuro, densamente cubiertas por espinas rojas y en las plantas adultas también cerdas blancas, con el ápice inclinado. Costillas: 20 a 30 o más, de aproximadamente 1 a 2 cm de alto

D. erytrocephala es un nombre que se publicó para plantas con cerdas blancas entremezcladas con las espinas rojas, pero se trata simplemente de la forma adulta (la forma juvenil lleva sólo espinas gruesas, rojas). *Cleistocactus, Denmoza* y *Oreocereus* constituyen un grupo de géneros con flores tubulosas, síndrome de polinización por picaflores. Fuera de la Argentina (en Bolivia y Perú), hay algunos otros con flores similares (*Borzicactus, Matucana...*).

y ancho, redondeadas. Espinas radiales: 8 a 10, aciculares o subuladas, rojizas, castañas o blancuzcas, de 3 cm; centrales: 1 a 5, rígidas, subuladas de aproximadamente 6 cm, rojizas; en plantas adultas también varias cerdas blancas.

Flores tubulosas cercanas al centro vegetativo, de 7 cm de largo, rojas o rosadas; con un anillo de pelos (que son estambres modificados) en el fondo del tubo; estambres y estilo rojos, sobresalientes. Frutos globosos, de aproximadamente 3 cm de diámetro, verdes hasta rojizos, con pulpa blanca, jugosos. Semillas negras, opacas, de 1,8 mm.

54 *Echinopsis albispinosa*

Otros nombres: Echinopsis silvestrii

Si bien por muchos años la llamamos *E. silvestrii*, se encontró que *E. albispinosa* es un nombre anterior para la misma especie.

Las especies de este género se distribuyen desde el sur de Brasil, Uruguay, Bolivia y en la Argentina en todas las provincias al norte de Río Negro, con un total de unas 55 especies.

La mencionada acá crece en laderas con vegetación herbácea abundante en Tucumán y Salta.

Plantas con pocas o sin ramificaciones, globosas o casi cilíndricas, algo aplanadas en el ápice, verde claro hasta verde oscuro o levemente grisáceas de 4 a 10 cm de diámetro y hasta 8 cm de alto. Costillas: 12 a 14, levemente crenadas, de 1 a 1,5 cm de alto y 0,7 a 1,2 cm de ancho. Espinas gruesas, blanco amarillento cuando jóvenes, luego grises, de 0,5 a 1,2 cm; radiales: 5 a 9, adpresas, levemente arqueadas hacia el cuerpo; central: 1, erecta. Flores blancas, grandes: 20 cm de largo, por fuera verde oscuro, muy escamadas y con pelos grisáceos. Estigma 9 lobulado.

Echinopsis comprende plantas generalmente globosas, con costillas agudas y brotes de la base. Sus flores son delgadas y largas, con las escamas del receptáculo esparcidas y pelos poco densos. En años recientes algunos autores consideraron que las especies de *Echinopsis, Trichocereus, Lobivia* y *Setiechinopsis* no forman grupos suficientemente diferenciados y consecuentemente los reunieron bajo el género colectivo *Echinopsis*, criterio que aquí no se sigue.

55 *Echinopsis leucantha*

Otros nombres: E. shaferi, E. melanopotamica.

El nombre *Echinopsis* se debe a su semejanza con *Echinocactus* y éste a parecerse a los erizos de mar (cactus-erizo). *Leucantha* en latín significa "de flores" (*antha*) "blancas" *(leuco)*.

Su distribución coincide con la provincia botánica del Monte, desde los Valles Calchaquíes en Salta, por Catamarca, La Rioja, San Juan, Mendoza, San Luis, sur de Buenos Aires hasta Río Negro. En algunas zonas es sumamente abundante. Es afín a *E. rhodotricha*, que crece en el Chaco y en el Espinal, y a *E. longispina* (= *E. ferox*), de la Prepuna y Puna. Se distingue bien por sus tallos cilíndricos y las espinas superiores curvadas sobre el ápice de los tallos.

Plantas globosas o columnares: de 25 a 100 (hasta 130) cm de alto, y 15 a 25 cm de diámetro, verde oscuro, muchas veces algo grisáceo. Costillas: 12 a 14 (10 a 15), obtusas, comprimidas, de aproximadamente 1,5 cm de alto. Espinas subuladas, rígidas, 6 a 8 radiales, arqueadas o rectas de 1 a 2 cm; centrales: 4, arqueadas y cerrándose sobre el ápice, de hasta 3 cm, todas amarillas a castañas (pardas al envejecer) con base bulbosa.

Flores en forma de embudo, blancas, pericarpelo castaño de aproximadamente 10 cm de largo y 1 cm de diámetro. Estigma blanco o cremoso, raramente verde. Fruto anaranjado, dehiscente, con pulpa blanca. Semillas negras, rugosas, de 1,5 mm de diámetro.

56 *Rebutia margarethae*

Dedicada por Walter Rausch a su primera esposa, Margaretha, en alemán, o Margarita, en castellano.

Descripta para el norte de Salta: camino a Santa Victoria Oeste, entre 2.500 y 3.000 m en el límite con Bolivia. Las espinas muestran una gran variación en número y tamaño entre ejemplares. Se distingue de otras *Rebutia* del país por sus espinas rígidas y areolas alargadas. Plantas simples, globoso-deprimidas, de 4 cm de alto y 6 cm de diámetro, verde oscuro con tonos violáceos. Raíz muchas veces engrosada. Costillas: 15 a 17, espiraladas, completamente disueltas en tubérculos de 0,5 cm de alto y 1 cm de diámetro. Areolas ovales de 3 mm de largo, con pilosidad blanca.

Las flores en este género nacen de la base de la planta y los frutos quedan parcialmente enterrados. El nombre del género, creado en 1895, se refiere a P. Rebut, cultivador francés de cactáceas, de Chazay d'Azergeus.

Espinas radiales: 7 a 11, de 1,5 a 2 (hasta 4) cm; centrales: 0 o 1, de 3 (a 4,5) cm, todas un poco arqueadas, subuladas, castañas a amarillas o blancuzcas.

Flores en forma de embudo, de 4 cm de largo y 3,5 cm de diámetro, rojas o violáceas, a veces con el centro amarillo, hasta completamente amarillas. Receptáculo amarillo rosado, con escamas verdes, sin pelos axilares. Estambres amarillos. Estilo soldado a la base del tubo; estigma 6 lobulado, blanco. Fruto globoso-deprimido de aproximadamente 4 mm de diámetro, verde amarillento con escamas algo rosadas. Semillas de 1,3 mm de largo y 1 mm de diámetro, con cubierta verrugosa negra.

57 *Lobivia bruchii*

Otro nombre: Soherensia bruchii.

Dedicada por Spegazzini a su amigo el entomólogo Carlos Bruch, quien le llevó repetidamente plantas encontradas en sus viajes y a quien seguramente también le gustaban los cactus.

Se encuentra en las cercanías de Tafí del Valle, en Tucumán, a aproximadamente 3.000 m s.n.m. Los frutos son dulces, comestibles. Algunas plantas muy grandes (aproximadamente 5 m de ancho) que observamos hace años han desaparecido; no sabemos si por causas naturales o porque los pobladores las utilizaron para dar agua y algo de alimento al ganado en épocas de sequía.

Plantas con uno o varios tallos ramificados en la base, que forman montículos grandes: hasta 1 m de alto y 2 m de ancho. Tallos globosos, verde claro, a veces hasta más de 1 m de diámetro, con el ápice deprimido, inerme, compuesto por muchos tubérculos y pilosidad blanca. Costillas: muchas, más de 50, bajas, crenadas, con las areolas en las depresiones. Espinas: 10 a 20, algo flexibles, amarillo castaño, de 2 a 4 cm, un poco arqueadas.

Flores: nacen de areolas casi centrales, de 6 cm de largo, acampanadas, rojas o anaranjadas, raramente amarillas, muy pilosas. Frutos jugosos, rojizos algo amarillentos, con pulpa blanca. Semillas negras, pequeñas, brillantes.

Las especies de *Lobivia* son mayormente plantas con un solo tallo, globoso o deprimido, muchas veces parcialmente hundido en el suelo, con flores de casi igual ancho que largo, muy cubiertas por pelos, que nacen de la parte superior del tallo y frutos pequeños, semisecos. Sin embargo es heterogeneo, y hay un grupo con especies de tallos ramificados, de gran tamaño, con flores naciendo del centro de los mismos y frutos jugosos (las *Soherensia*), otro con tallos minúsculos con flores naciendo a nivel del suelo (las *Mediolobivia*), etc. Son originarias de Perú, Bolivia y el oeste de la Argentina. Dos especies apenas ingresan en Chile.

58 *Lobivia famatimensis*

Famatimensis es la latinización de Famatina según Spegazzini, su autor. *Lobivia* es el anagrama de Bolivia.

De La Rioja, descripto para las sierras de Famatina, pero también en otras montañas medianas o altas de la zona e incluso en San Juan.

Raíz cónica, gruesa, continuada en un tallo solitario, globoso o deprimido, de 1 a 3 cm de alto y 2 a 3 cm de diámetro, con una depresión central, epidermis marrón ceniciento. Costillas: aproximadamente 24, obtusas, bajas, formadas por 12 a 18 tubérculos semiesféricos de 1,5 mm de alto y 3 mm de diámetro. Espinas: aproximadamente 12, blancas o casi hialinas, de a pares laterales, apretadas al tallo, pequeñas, de 1,5 a 2 mm.

Flores acampanadas de 20 a 32 mm de largo, amarillo huevo, con reflejos rojizos, por fuera muy pilosas, pelos densos grisáceos o algo rosados. Estigma 8 a 10 lobulado color crema. Semillas ovales, negras, de 1,5 mm, con dos proyecciones en el borde de la cubierta, a veces con trozos de cutícula levemente separados.

59 *Lobivia formosa*

Otros nombres*: Soehrensia formosa; "Tuna" (a los frutos). Formosa significa "hermosa".*

Existen poblaciones muy numerosas de esta especie en Mendoza y San Juan y menores en la Rioja y Catamarca, entre los 1.500 a 3.000 m, prefiriendo laderas con orientación N o E. Los tallos se parecen a los de *Denmoza rhodacantha*, la que en general prefiere laderas más secas, pero en *L. formosa* las espinas no son rojas o rojizas y sus ápices raramente son inclinados.

Plantas globosas o cortamente columnares, simples o ramificadas en la base. Tallos gruesos: hasta 1,5 m de alto y 0,5 m de diámetro, raro más, verde claro. Costillas 15 a 35 o más, bajas, obtusas. Espinas: muchas, flexibles, generalmente blancuzcas, también castañas, difícilmente diferenciables en radiales y centrales, de 2,5 a 7 cm.

Flores cercanas a los ápices, amarillas, raramente rojas, acampanadas, de 6 a 8 cm de largo y de diámetro. Frutos globosos, rojo claro, jugosos, con semillas pequeñas.

Junto *con L. bruchii, L. korethroides* y otras pocas especies, fueron agrupadas como género *Soehrensia*, distinguiéndose de otras *Lobivia* por su gran tamaño, por nacer las flores cerca del ápice de los tallos y por los frutos grandes, jugosos, más parecidos a algunos *Trichocereus* que a los de *Lobivia* o *Echinopsis*.

En el camino internacional a Chile por San Juan existía una población con ejemplares extremadamente grandes en altura, diámetro y número de ramificaciones. Esa población desapareció, seguramente por envejecimiento y ataque de algún depredador. Estos ciclos son frecuentes en todas las poblaciones naturales, pero difíciles de observar en organismos de vida larga como son mayormente los cactus. Por otro lado las poblaciones muestran generalmente individuos de tamaños similares, sugiriendo que tienen también edades similares, o sea que sólo cada muchos años se dan las condiciones para la germinación, crecimiento y desarrollo de estas plantas.

60 *Lobivia densispina*

Por algún tiempo confundida con *L. famatimensis* por el aspecto similar de los tallos y espinas. Sus flores son mucho mayores (y además, de varios colores); por otro lado sus semillas no presentan proyecciones.

Variedad *densispina*

De la Quebrada de Humahuaca, en Jujuy.

Plantas simples, globosas o deprimidas (y entonces con los tallos cónicos enterrados) de 2 a 5 cm de alto y 4 a 10 cm de diámetro, con epidermis grisácea hasta verde oscuro. Costillas: aproximadamente 17, bajas, rectas, continuas pero con un surco transversal entre las areolas. Espinas radiales: 16 a 22, dispuestas de a pares laterales, blancas o algo castañas, flexibles, de 8 mm. Centrales: 4 a 7, rojizas con ápice más oscuro, rectas o poco arqueadas, de 1,5 a 2 cm, flexibles cuando jóvenes, luego punzantes.

Flores: aproximadamente 6 a 8,5 cm de largo, amarillas hasta rojas; estigma 10 lobulado, verde, más corto que los estambres. (Foto superior, en cultivo)

Variedad *rebutioides*

Se encuentra en Jujuy, en la Quebrada de Humahuaca y otras laterales, desde el Volcán al norte de Tilcara.

Tallos solitarios, 3 a 6 cm de diámetro, globosos o deprimidos. Costillas: 14 a 18. Espinas radiales pectinadas, oscuras: rojizas a negruzcas o gris rojizo, de 35 mm. Centrales: ausentes o pocas, similares a las radiales, rojizas a violáceas. Flores amarillas. (Foto inferior, en la naturaleza)

61 *Austrocactus bertinii*

Dedicado al capitán de barco francés M. Bertin, quien la coleccionó en la costa patagónica a los 45° S (cerca de Puerto Camarones, Chubut) en un viaje entre 1859 y 1860.

Plantas de 15 a 40 cm de alto y 8 a 15 cm de diámetro, cilíndricas, erectas. Costillas, 10 a 12 (raramente menos), prominentes, obtusas. Espinas radiales, 8 a 10 (hasta 11), delgadas, de aproximadamente 1 cm; centrales: 3 a 4 (raramente 1), más gruesas, de 2 a 3 cm, ganchudas o por lo menos arqueadas.

Flores de 6 cm de largo y de diámetro, casi apicales, con el receptáculo corto, con muchas escamas. Piezas del perianto rosadas a amarillentas. Estilo grueso, rojo; estigma aproximadamente 16 lobulado, purpúreo.

Austrocactus es afín a *Pyrrhocactus, Neoporteria* y *Parodia*. Se caracteriza por sus flores amplias y cortas, con la mayor parte de los estambres recostados sobre el estilo. También por sus espinas ganchudas, pero esto parece ser un carácter variable y justamente *A. bertinii* parece tener casi siempre espinas rectas. Si bien en la meseta patagónica se encuentran varias formas llamativamente diferentes, parece tratarse de una variación continua, por lo que es difícil encontrar los límites entre las especies. Al ser cultivado en latitudes menores, posiblemente por falta de frío y de suficiente insolación, desarrolla tallos ahilados, espinas menores y no florecen.

Se encuentra en la meseta patagónica, en Neuquén, Río Negro, Chubut y Santa Cruz. En las zonas más frías crece al abrigo de arbustos o matas de pasto. Si los brotes basales crecen tapados por los pastos, con poco sol, su diámetro puede ser de sólo 1-2 cm y esta forma de crecimiento se describió como especie diferente: *A. gracilis*.

62 *Pyrrhocactus bulbocalyx*

Pyrrho significa "fuego" por el color de las flores de la primera especie conocida; *bulbocalyx* ("cáliz con forma de bulbo") se refiere a las flores urneiformes.

Se encuentra en La Rioja, desde Cerros Colorados hasta Mazán y posiblemente en el sur de Catamarca. Son laderas pedregosas, graníticas o de areniscas rojas.

Plantas con un solo tallo, oval cuando joven, luego cilíndrico, de 10 a 50 cm de alto y 8 a 12 cm de diámetro, verdes grisáceas, parte superior aguzada, siempre espinosa. Costillas: 11 a 13, bajas, obtusas, dentado-crenadas, rectas o levemente espiraladas. Areolas elípticas, grandes. Espinas cilíndricas, fuertes, más o menos erectas, grisáceas con ápice rojizo, rectas o poco curvadas hacia arriba; radiales: 14 a 21, de 1 a 2 cm; centrales: 4 a 7, un poco más

Backeberg define *Pyrrhocactus* por sus flores en forma de urna; sin embargo esto no sucede en todas las especies, e incluso parece depender de la disponibilidad de agua: con mayor riego desarrollan tépalos más largos que cuando sufren sequía. Los tallos son casi siempre solitarios, tipo "barrilito", y las flores aparecen en el extremo superior. Las semillas muchas veces tienen forma de riñón, rugosas, pero algunas especies las tienen redondas y lisas.

largas y gruesas, bulbosas, superpuestas en una serie longitudinal.

Flores simultáneas, numerosas, en corona, de 4,5 cm de largo, amarillo limón a amarillo oro, por fuera verde grisáceas, con pelos densos y cerdas. Estambres, filamentos y estilo blancos; anteras y estigma amarillos. Frutos semisecos, globosos, de aproximadamente 1 cm de diámetro.

63 *Pyrrhocactus sanjuanensis*
Otro nombre: P. villicumensis

De San Juan, al norte, sur y este de la ciudad.
    Plantas simples, algo más altas que anchas: de hasta 15 cm de alto y 8 a 9 cm de diámetro, llamativamente grises. Disco superior piloso, sin espinas. Costillas: 7 a 13, rectas arriba formadas por tubérculos casi globosos, con surco intercostal agudo; abajo continuas y aplanadas. Areolas redondas, de 4 mm de diámetro, dispuestas en la parte inferior del tubérculo, separadas 4 a 5 mm. Espinas 15 a 19, todas erectas, gráciles o rígidas, radiales, 9 a 15 y centrales, 3 a 7, todas iguales, algo grises, arriba rosadas o rojo castaño, de 1 a 2,5 cm, rectas o poco curvas, con base algo bulbosa, las menores basífugas, las mayores basípetas y más gruesas.

Las especies de *Pyrrhocactus* crecen en Chile y en la Argentina en Jujuy, Salta, Catamarca, La Rioja, San Juan y Mendoza. El clima en estas zonas es en general muy seco, con gran oscilación térmica entre el día y la noche, caluroso en verano, soportando temperaturas del aire de hasta 50 °C.

    Flores cortas, en parte encerradas entre las espinas, aproximadamente 2,2 a 3,5 cm de largo, amarillas, a veces con líneas rosadas. Estambres distribuidos uniformemente. Frutos globosos, secos, de 1,2 cm de diámetro, con semillas rugosas, opacas, de 2 mm de largo.

64 *Parodia maassii*

Otro nombre: "Dala".

Del sur del altiplano boliviano y en la Argentina en Jujuy hasta Humahuaca, en las provincias botánicas Prepuna y Puna. Frecuente. Sus tallos grandes, de un verde brillante, cubiertos por las espinas color oro, llaman la atención en muchos cerros donde el resto de la vegetación es escasa. Su abundancia, lo mismo que la de otros cactus de la zona, puede ser indicio del sobrepastoreo por ovejas.

Tallos globosos deprimidos (hasta cortamente columnares en cultivo), de 5 a 20 cm de alto y 12 a 20 o hasta 30 cm de diámetro, verde oscuro. Costillas: 13 a 21, rectas o espiraladas, bajas, de aproximadamente 2 cm de ancho. Espinas radiales: aproximadamente 15, desiguales, de 5 a 15 mm, blanco amarillentas. Centrales: aproximadamente 4, más gruesas, de 3 a 5 cm, arqueadas, raramente rectas, amarillas o algo castañas.

Flores de aproximadamente 3 cm de largo y de diámetro, amarillas a anaranjadas. Frutos amarillentos a rojizos, globosos, de aproximadamente 1 cm, cubiertos por pelos lanosos. Semillas de 0,8 mm, ovoides.

65 *Parodia microsperma*

Microsperma se refiere a sus semillas pequeñas.

La variedad *microsperma* se caracteriza en general por su espina central ganchuda, más o menos flexible y larga y las radiales delgadas, hialinas; crece en Jujuy, Salta, Tucumán, Catamarca, La Rioja, noreste de San Juan y en el noroeste de Santiago del Estero, entre los 500 y los 1.000 m.

Tallos simples, globosos, desde deprimidos hasta cortamente columnares: de 1 a 10 cm de alto y aproximadamente 3 a 7 cm de diámetro (en cultivo hasta 15 y 10, respectivamente), epidermis color verde amarillento hasta verde oscuro o castaño.

> Es la primera especie descripta para este género. El mismo fue en primer término creado por Britton y Rose como *Hickenia*, pero por haber estado ese nombre ya ocupado, Spegazzini lo renombró *Parodia*. Con esto homenajeó a Domingo Parodi, farmacéutico conocedor de plantas, quien empleó en su establecimiento a Spegazzini a su llegada a la Argentina.

Mamelones dispuestos en 10 a 30 hileras espiraladas. Espinas radiales: 20 (10 a 40), blancas o hialinas, raramente rosadas, de 4 a 8 mm; centrales: 4 (3 a 7), de las que 1 (hasta 3) es ganchuda, las otras son rectas o poco arqueadas, rojizas o castañas, de 5 a 15 (hasta 25) mm.

Flores numerosas, de 3 a 4 cm de diámetro y largo, amarillas, anaranjadas y hasta rojo oscuro. Estilo y estigma generalmente amarillos. Frutos semisecos, cubiertos de pelos y cerdas. Semillas notables por su pequeñez: 0,3 (a 0,6) mm, con un tejido sobresaliente, esponjoso (carúncula) en el extremo.

66 *Parodia penicillata*

Otro nombre: *"Cardoncito santo"*. *Penicillata:* se refiere a sus espinas agrupadas como en pinceles.

De Salta, en las cercanías de Cafayate, en paredones rocosos, en valles estrechos con ríos de agua permanente. Es abundante, pero ya no cerca de las poblaciones, por ser intensivamente coleccionado para la decoración del pesebre navideño, de allí su nombre común.

Plantas globosas a cilíndricas, 7 a 12 cm de diámetro, a veces colgantes y formando largas "pipas" de 30 cm o más al colgar de paredones. Costillas: 17 a 18, fuertemente tuberculadas pero continuas. Areolas separadas 12 a 15 mm. Espinas: 40 a 60, amarillo oro hasta castaño o blancas, diferenciadas en radiales de 1 a 3 cm y 4 a 7 centrales de aproximadamente 3 cm. Flores anchamente acampanadas que nacen de areolas no lanosas cercanas al ápice, aproximadamente 3 a 4 cm de largo y de diámetro. Semillas globoso-alargadas, negras, cerca de 0,7 mm.

Notocactus fue hasta hace poco considerado como género distinto de *Parodia*; sus especies se encuentran en el sur de Brasil, Paraguay, Uruguay y en la Argentina, Misiones, Corrientes, Entre Ríos y Buenos Aires hasta Catamarca, Mendoza, La Pampa y Río Negro. Las especies consideradas desde antiguo en *Parodia*, son en cambio de Bolivia y noroeste de la Argentina.

67 *Parodia chrysacanthion*

Del griego, oro y espina: "espina de oro".

Es uno de los cactus más bonitos, por su densa cobertura de espinas amarillo brillante, que en forma de discos de hasta 25 cm se destacan sobre el gris de los cojines de bromeliáceas *(Abromeitiella)* donde muchas veces se lo encuentra.

Crece en Jujuy, desde Reyes hasta Volcán, entre los 1.500 a 2.500 m, en rocas que asoman entre la selva o por encima de este tipo de vegetación.

Tallos simples, deprimidos, discoideos, de 5 cm de alto y 5 a 25 cm de diámetro (a levemente columnares en cultivo), verde amarillento, con ápice deprimido. Costillas: 25 a 30 e incluso hasta 50, formadas por tubérculos dispuestos en espiral, de 6 mm de alto y de diámetro. Espinas: 30 a 40, radiantes, como cerdas flexibles, de 1 a 2 cm, amarillo oro, brillantes.

Flores del centro, estrechamente acampanadas, 1,7 a 1,8 cm de largo, amarillas. Receptáculo desnudo a la altura del ovario, más arriba con lana blanca y algunas cerdas. Estilo amarillo; estigma 6 a 8 lobulado. Frutos ovales, pequeños, con semillas de 1 mm de diámetro, castaño oscuro.

68 *Parodia ottonis*

Otro nombre: Notocactus ottonis.

Dedicada a Cristopher F. Otto (1783-1856), botánico y jardinero del Jardín Botánico de Berlín y colaborador de Link.

Del sur del Brasil, en el estado de Río Grande, este del Paraguay, todo el Uruguay y en la Argentina en Misiones, Corrientes y Entre Ríos. Se encuentra en colinas rocosas o pedregosas, con vegetación herbácea. Frecuente.

Tallos globoso-deprimidos, cespitosos, de 2 a 4 cm de alto y 5 a 6 cm de diámetro, verde oscuro. Costillas: 7 a 12, anchas, obtusas, raramente tuberculadas, con 3 a 6 areolas, éstas con espinas delgadas, flexibles, curvas, castañas o amarillentas; radiales: 10 a 18, de aproximadamente 1 cm; centrales: 0 a 4, más largas y robustas.

Flores amarillo brillante, anchamente acampanadas, de aproximadamente 5 a 6 cm de largo y de diámetro; estigma rojo, llamativo. Frutos ovados, de aproximadamente 0,8 cm de diámetro, verdes, escamados, apenas cubiertos por pelos y cerdas, dehiscentes por una rajadura longitudinal. Semillas alargadas, 1,2 mm de largo y 0,7 mm de diámetro, negro brillante.

69 *Parodia submammulosa*

Otro nombre: Notocactus submammulosus.

Crece siempre en las formaciones montañosas antiguas que rodean la zona pampeana: sierras de Tandil, Ventana y otras en Buenos Aires y La Pampa, sierras de San Luis y Córdoba, Sierra Grande en Río Negro y algunos enclaves en Mendoza (Tupungato a San Rafael) y en Catamarca (Ancasti, con plantas de menor tamaño y flores amarillas o rojas).

Tallos globosos, hasta 6 cm de alto y 10 cm de diámetro, solitarios. Costillas: aproximadamente 13, redondeadas, con mamelones prominentes y las areolas en las depresiones. Espinas amarillentas o algo castañas; radiales: 7 a 9, delgadas; centrales: 2 a 3, triangulares, de aproximadamente 2 cm, con base ancha, aplanadas.

Flores: aproximadamente 4 cm de diámetro, amarillas con estigma rojo, llamativo. Frutos cubiertos de pelos blancos y cerdas rojizas largas, punzantes. Semillas marrones opacas, globosas, de aproximadamente 1,5 mm.

70 *Parodia schumanniana*

Otro nombre: Notocactus schumannianus

Del sudeste del Paraguay (departamentos de Paraguarí y Guairá) y en la Argentina en Misiones (departamento Santa Ana, Teyucuaré, área protegida). Vive en laderas rocosas inclinadas que forman claros en la selva, formando comunidades densas aunque reducidas.

Tallos cortamente cilíndricos, 0,5 (hasta 1) m de alto y 15-25 cm de diámetro, verde brillante, con el ápice algo inclinado. Costillas: aproximadamente 29, agudas, no tuberculadas, estrechas y altas. Espinas: 4 a 7 (hasta 10), rectas o arqueadas, amarillas, radiales y centrales similares, flexibles, desiguales, 1 a 5 cm de largo.

Flores apicales, amarillo limón, 4,5 cm de largo y diámetro, estigma crema. Frutos oblongos, 2,5 cm de largo. Semillas negras, alargadas, aproximadamente 1,5 mm de largo.

71 *Acanthocalycium spiniflorum*

Otro nombre: Acanthocalycium violaceum.

Se encuentra en Córdoba, en las Sierras Grandes y el noreste de San Luis, entre los 1.000 y 2.000 m. Las diferentes poblaciones muestran diferencias en el número y tamaño de las espinas, en el número de costillas, por lo que presentan aspectos algo diferentes. El color de la flor es más intenso en los lugares altos de estas sierras.

Plantas simples, globosas (deprimidas a cortamente cilindráceas), de aproximadamente 10 a 20 cm de alto y 15 cm de diámetro máximo, verde amarillento hasta verde azulado. Costillas: aproximadamente 20, delgadas y agudas, profundas, de 1 a 1,5 cm de alto. Espinas: 14 a 20, desiguales, aciculares, delgadas, amarillo brillante o pálido, o algo castaño, a veces con punta oscura, arqueadas, de 2 a 2,5 cm (¡hasta 5 cm!).

Tanto *Acanthocalycium* —en griego— como spiniflorum —en latín— tienen el mismo significado: se refieren a las escamas del receptáculo que son de base algo carnosa, pero terminan abruptamente en una punta seca, papirácea. Además de esta característica, sus especies tienen un anillo de pelos (estaminodios: estambres atrofiados) alrededor de los estambres.

Flores rosadas (lila a blanco rosado), acampanadas, de aproximadamente 4 cm de largo y diámetro, por fuera con escamas papiráceas notables, amarillentas a castañas, con pelos y cerdas en sus axilas. Frutos semisecos, globosos de aproximadamente 1 cm de diámetro, verdes, con los restos de la flor seca persistentes, dehiscentes por una rajadura vertical. Semillas castaño oscuro a negras, opacas.

72 *Acanthocalycium glaucum*

Glauco significa verde grisáceo, por el color de la epidermis. Ese color se debe a una densa capa de ceras.

Del oeste de Catamarca y también en La Rioja (Famatina). Si bien tiene amplia distribución, no forma poblaciones abundantes.

Tallos simples, globosos, de 6 a 15 cm de alto y 7 cm de diámetro, grisáceos. Costillas: 8 (hasta 10), obtusas, de 0,7 a 1,5 cm de alto. Areolas separadas 1,5 a 2 cm. Espinas negras con base pálida, 5 a 10 radiales y 0 a 2 centrales, todas de 0,5 a 2 cm. Flores de 6 cm de largo y algo menos de diámetro, amarillas. Escamas con punta papirácea espiniforme menos desarrollada que en las otras especies. Estigma 9 o 10 lobulado. Frutos 1,5 a 2 cm de diámetro, globosos, verde oscuro. Semillas de 1,5 mm castaño oscuro, tuberculadas.

73 *Acanthocalycium thionanthum*

Thionanthum significa "de flor amarilla".

Se distribuye por Salta, desde Cachi hasta el sur de Amaicha del Valle, en Tucumán, en los Valles Calchaquíes.

Plantas simples, globosas o cortamente cilíndricas, verdes o glaucas, de 10 a 30 cm de alto, raramente más, y aproximadamente 10 cm de diámetro. Costillas: aproximadamente 14, obtusas, redondeadas, continuas. Espinas radiales: aproximadamente 10; centrales: 4, amarillo opaco a gris o castaño o rosadas, de 1,5 a 3 cm, gruesas, subuladas, rectas.

Flores amarillas, de 4,5 cm de largo y de diámetro, con anillo de estaminodios castaño y estigma rojo. Escamas del receptáculo castaño oscuro con pelos castaños a grises y cerdas en sus axilas. Frutos de aproximadamente 1 cm de diámetro, globosos, con el perianto marchito persistente, verde oscuro. Semillas negras de 1,3 mm de diámetro.

74 *Acanthocalycium ferrarii*

Otro nombre: A. variiflorum. *Si bien* A. variiflorum *es un nombre anterior a* A. ferrarii, *no puede usarse por ser inválido.*

Tallos globosos, o deprimidos, verdes o verde grisáceos. Espinas radiales: 9, en 4 pares y una inferior; centrales: 1 a 4, todas gruesas, subuladas, de 1,5 a 2 cm, pardas o amarillentas con punta rojiza. Flores de 5,5 cm de largo y 5 cm de diámetro, rojas, anaranjadas o amarillas.

   En la población que dio origen a la descripción de *A. ferrarii*, unos 10 km al oeste de Quilmes, en Tucumán, sus flores son de color rojo; en cambio en la ladera opuesta del mismo valle (este de Amaicha del Valle), las flores varían desde amarillo hasta rojo, con todos los colores y tonos intermedios. Esta especie vive en un clima diferente a *A. thionanthum*, de áreas cercanas pero a menor altitud. Por otro lado sus tallos son deprimidos o globosos, nunca cilíndricos como en *A. thionanthum*, y no tan grisáceos.

75 *Blossfeldia liliputana*

El nombre del género se refiere a su descubridor (o por lo menos quien lo introdujo en Europa), Harry Blossfeld; *liliputana* por su pequeño tamaño. Se trata de un género con una sola especie, ampliamente distribuida.

Crecen desde el sur de Bolivia hasta Mendoza, y son sumamente selectivas respecto al hábitat. Son lugares secos, pero cercanos a los ríos; con gran insolación, en grietas de paredones rocosos, entre los 1.000 y 2.500 m. Sus estomas están agrupados en las areolas; el resto de su epidermis carece de ellos.

Tallos de 1 a 1,6 cm (hasta 2 cm, raro más) de diámetro, deprimidos: planos o cóncavos en la parte superior (convexos cuando están hidratados), grisáceos. Parte subterránea obcónica, generalmente comprimida por crecer en grietas de rocas, de hasta 3 cm de largo. Areolas confluentes en el centro, donde nacen las flores.

Flores color crema o blancuzcas, acampanadas, de aproximadamente 0,5 a 0,7 cm de largo.

Se han publicado otros nombres, pero se trata de pequeñas variaciones de la misma especie. Es el cactus más pequeño que se conoce (del tamaño de un botón); por otro lado, tiene adaptaciones peculiares, como por ejemplo resistir deshidrataciones extremas, tener los estomas reunidos en las areolas, que están simplificadas (reducidas a una depresión protegida por pequeños pelos) y vivir en grietas de rocas. Cuando están deshidratados se confunden con líquenes y por estar cubiertos de polvo son difíciles de encontrar.

Frutos globosos, castaños, algo traslúcidos, de aproximadamente 5 mm de diámetro, con algunas escamas y pequeños pelos blancuzcos. Semillas de aproximadamente 0,5 mm de diámetro, color castaño.

76 *Frailea pygmaea*

Al separar este género del género colectivo *Echinocactus*, en 1922, Britton y Rose efectuaron un reconocimiento al señor Manuel Fraile, jardinero encargado de la colección de cactus en el Departamento de Agricultura en Washington.

Frecuente en el Uruguay, al pie de los cerros, entre pastos, también en el sur de Brasil; en la Argentina sólo en el este de Entre Ríos, al borde de afloramientos rocosos o en suelos con abundante canto rodado; frecuente.

Plantas aisladas, rara vez prolíferas, semienterradas, parte aérea 1 a 2 cm de alto y 1 a 3 cm de diámetro, verde opaca; y la parte subterránea (tallo más raíz) inversamente cónica de 2 a 3 cm de largo. Areolas con 6 a 13 espinas delicadas, 1 a 4 mm de largo, rectas o apenas curvas, dispuestas de a pares laterales y 0 a 1 central, todas blanco hialinas.

Flores amarillas, 2 a 2,5 cm de largo, con pilosidad densa, blancuzca o algo rosada y cerdas de hasta 0,8 mm de largo. Frutos aproximadamente en forma de pera, de 1,5 cm de largo x 1 cm de diámetro, cubiertos por pelos y cerdas; con pared delgada, de dehiscencia lateral. Semillas en forma de casco con cresta dorsal incompleta, de 1,5 mm, brillantes, boca angosta, oblonga.

Frailea comprende plantas de pequeño tamaño, aclimatadas mayormente a vivir entre el césped, en el este de la Argentina, pero también en Uruguay, sur de Brasil, Paraguay y Bolivia. Sus flores son similares a las de *Parodia*, pero muchas veces no desarrollan los tépalos y no se abren (flores cleistógamas), pero igualmente se autopolinizan y producen semillas.

77 *Frailea pumilla*

Pumilo (en latín) quiere decir enano o pequeño.

La especie para la que usamos este nombre se encuentra ampliamente distribuida en el centro norte del Uruguay y seguramente en regiones cercanas del Brasil; en la Argentina fue encontrada en el este de Entre Ríos.

Plantas globosas, cespitosas. Tallos de aproximadamente 3 cm de alto y 4 cm de diámetro, verde oscuros, a veces rojizos. Costillas: aproximadamente 15. Areolas con 12 a 14 espinas radiales de 4 mm y 1 o 2 centrales, algo mayores, todas amarillo castaño. Flores de 2 cm de largo, casi centrales, pericarpelo y receptáculo con escamas verdosas, agudas, con pocas cerdas castañas y pelos lanosos blancos de aproximadamente 0,6 mm.

Las semillas de *Frailea* tienen formas curiosas, de sombrero o yelmo romano. Al caer en agua, en el espacio de su abertura se mantiene una burbuja de aire que les permite flotar, una forma ingeniosa de dispersarse a lo largo de cursos de agua. Por otro lado su cubierta tiene pequeñísimas papilas. La forma general de las semillas, su color y la disposición y forma de las papilas permiten diferenciar las especies, en algunos casos con más certeza que por su aspecto general. Hay un estudio reciente de D. Metzing y J. Thiede al respecto y una curiosidad es que una especie tiene las papilas ramificadas, lo que es un caso único en el reino vegetal.

Los tépalos son amarillos, lanceolados lineares. Estambres amarillos, que llegan a la mitad de los tépalos. Estilo cilíndrico; estigma con 6 lóbulos arqueados, blancos. Semillas globosas de 2 mm de largo, castañas, con cresta dorsal notable, con verrugas pequeñas densas; hilo oval, ancho, oblicuo.

78 *Frailea mammifera*

Mammifera quiere decir que lleva mamelones o tubérculos.

En Brasil en el estado de Río Grande do Sul (San Pedrito); en la Argentina encontrada hace varios años por Ángeles G. López en el este de Entre Ríos. Los ejemplares argentinos difieren levemente de los del Brasil por sus espinas más oscuras y los frutos más grandes, con pilosidad más densa.

Parte subterránea (tallo más raíz), cónica, de 3 a 4 cm de largo; porción aérea globosa, simple, de 3 cm de alto y de diámetro, verde oscura, con alrededor de 14 a 17 líneas de tubérculos notables de aproximadamente 2 a 3 mm de alto, con una mancha violácea por debajo. Espinas: 5 a 7, todas radiales, con la base ensanchada, color amarillo hasta rojizo, en 2 a 3 pares laterales y una basal, 2,5 a 3 (hasta 7) mm de largo, erguidas.

Flores de 2,5 (hasta 3) cm de largo y 2,5 (hasta 3,5) cm de diámetro. Pericarpelo y receptáculo con pelos blancos y cerdas amarillentas hasta 1,4 cm de largo. Tépalos amarillos, espatulados. Estilo de 1 cm de largo, blancuzco, estigma 5 a 6 lobado. Frutos globosos, de 1,7 cm de largo y 0,5 a 0,8 mm de diámetro, con pelos blancos densos y cerdas amarillentas. Semillas en forma de sombrero, de 2 mm de largo, con papilas epidérmicas casi microscópicas.

79 *Weingartia neumanniana*

Otro nombre: *"Achacana del guanaco", nombre que parecería indicar que la comen las llamas y vicuñas (en la zona no hemos observado nunca guanacos).*

De sustratos muy específicos: grietas de lajas sobre laderas poco inclinadas; conocido desde Humahuaca, Iturbe y hasta el sur de Bolivia, a aproximadamente 3.800 m s.n.m. En la montaña los brotes pequeños, juveniles (que brotan de las raíces de las plantas adultas) están disimulados gran parte del año por el polvo u hojas que los cubren, y en ese caso no tienen espinas. Al crecer y emerger del polvo, los tallos son de hasta 3 cm de alto; y desarrollan varias espinas tan largas como el diámetro de las plantas.

Weingartia es un género posiblemente afín a *Gymnocalycium* y a *Rebutia*, por sus flores con escamas pero sin pelos ni cerdas. El grupo al que pertenece *W. neumanniana* se caracteriza porque las raíces son engrosadas, con un estrechamiento (cuello) en la zona en que se conecta con el tallo, y sus ramificaciones forman nuevas "cabezas" al emerger del suelo.

Tallos globosos, de 1 a 5 cm de diámetro; epidermis marrón en la naturaleza, verde en cultivo. Costillas: 6 a 10 (o más en cultivo), con tubérculos redondeados. Tallos pequeños sin espinas; luego unas 6 radiales y 1 a 3 centrales de hasta 3 cm, rectas, marrón oscuro a negro rojizo.
Flores casi centrales, acampanadas, de 2,5 cm de largo y diámetro, desde amarillas hasta rojas, muchas veces con vetas color caramelo.

80 *Wigginsia sessiliflora*

De la formación precámbrica denominada Sierras Pampeanas, en Córdoba, Buenos Aires, La Pampa y Río Negro.

Tallos simples, en forma de discos que prácticamente no sobresalen del suelo, hasta 10 cm de diámetro. Costillas: 11 a 22, agudas y algo zigzagueantes. Espinas: generalmente 4, en cruz, rígidas, de 0,5 a 1 cm, blancuzcas.

Flores que nacen del disco central piloso, cerca de 4 cm de alto y de diámetro, color amarillo sedoso, con el estigma rojo púrpura, aproximadamente 6 lobulado, por fuera cubiertas densamente por pelos blancos y cerdas rojizas. Frutos rosados, lampiños excepto en la base y en el ápice, que aparecen del centro piloso bastante tiempo después de la floración, de aproximadamente 1,5 cm de largo.

Wigginsia comprende unas pocas especies del Uruguay y este de la Argentina. Mayormente son plantas globoso-deprimidas de gran diámetro (15 a 30 cm) con el centro cubierto por pelos densos donde nacen las flores. Si bien las flores son idénticas a las de *Parodia* (*Notocactus*), sus frutos permanecen dentro del disco piloso durante la maduración de las semillas y luego emergen rápidamente con su epidermis delicada, rosada, no protegida por pelos ni cerdas sino en sus extremos. Por otro lado sus tallos son amplios y mayormente chatos, mientras que en *Parodia* son más globosos.

81 *Yavia cryptocarpa*

Yavia por el departamento jujeño donde se la encontró; *cryptocarpa*: del griego, significa "de fruto oculto".

Del norte de Jujuy, a unos 4.000 m s.n.m., en grietas de rocas esquistosas, sobre laderas poco inclinadas; aún no encontrado en Bolivia, aunque crece muy cerca de la frontera. Sumamente mimético.

Esta extraordinaria miniatura se diferencia de los otros géneros de cactus por sus frutos, que permanecen por muchos meses en la profunda depresión del centro de los tallos y son expulsados recién cuando crecen nuevos pimpollos.

Raíces engrosadas, continuadas en tallos inversamente cónicos y enterrados, cuyo disco superior marrón verdoso permanece a ras del suelo, de 1,3 a 3 cm de diámetro, con una profunda depresión en el centro rellena de pelos blancos. Areolas sobre leves prominencias del disco central; con 8 a 15 espinitas menores a 1 mm, apenas visibles a simple vista. Flores de la depresión central, aproximadamente 2 cm de largo y 2 cm de diámetro, rosadas hasta blancas; por fuera con pocas escamas. Frutos globosos, de 2 a 3 mm de diámetro, de pared delgada, con pocas semillas (6 a 15), tuberculadas, negras.

82 *Neowerdermannia vorwerkii*

Llamada localmente "Achacana", se consume en Jujuy y en Bolivia a modo de papas, en las épocas cuando éstas escasean. Es curioso que en cultivo las hormigas prefieren llevarse trozos de esta planta y no de otras. *Neowerdermannia* es afín a *Gymnocalycium* y a *Weingartia*.

De la Puna de Jujuy y el oeste de Salta, también en gran parte de Bolivia; ingresa apenas en Perú.

Plantas en forma de cono invertido, con la parte superior que apenas asoma sobre la tierra, aunque casi globosas en cultivo. La parte enterrada se compone de tallo (distinguible por los restos de areolas) y una parte inferior que es la raíz engrosada, además de las delgadas laterales. La parte superior, de unos 6 a 8 cm de diámetro, tiene mamelones prominentes no alineados, con las areolas en las depresiones. Las espinas son blancuzcas, de 3 a 10, hasta 2 cm, algo curvas.

Las flores son de sólo 1,5 a 2 cm, blancas con líneas rosadas, sin pelos ni cerdas, y los frutos globosos de 0,5 a 0,8 cm, se desarrollan un año después de la floración. Las semillas son negras, grandes, rugosas, en forma de coma.

83 *Gymnocalycium andreae*

Subgénero *Gymnocalycium*

Crece en las partes más altas de las Sierras Grandes de Córdoba, entre los 1.500 y 2.000 m s.n.m. Se lo encuentra en grietas de rocas pero también en el rico humus de la zona, entre vegetación herbácea. Son lugares húmedos, con frecuentes lluvias o neblinas durante todo el año y nevadas invernales.

Tallos globoso-deprimidos, prolíferos, de hasta 5 cm de diámetro, verdes a verde azul oscuro. Costillas: 8 a 13, con tubérculos notables, redondeadas, de 1,5 cm de ancho, bajas. Espinas débiles, radiales 5 hasta 9, blanco opaco o amarillas, con la base algo castaña; centrales 1 a 3, castañas; todas de 1 a 1,5 cm o menores.

Flores amarillas, acampanadas, de 2,5 a 4 cm de largo cuando están abiertas, con el perianto rotáceo muy abierto de 4 a 5,5 cm de diámetro, sin tubo o muy corto. Pétalos variables, desde estrechos a casi espatulados. Estilo corto, amarillo, rodeado por las anteras, con unos 8 lóbulos estigmáticos. Frutos de 1,2 cm de diámetro, deprimidos, verde azulado. Semillas de 1 mm de diámetro, negro opaco.

Evidentemente afín a *G. bruchii*, el que crece en la misma zona pero en general a menor altura; aparentemente no forman híbridos. Las similitudes entre ellos se observan en las semillas, en la floración temprana, en la forma y dehiscencia de los frutos y también en su pequeño tamaño. *G. bruchii* muestra un tubo floral corto, inexistente en *G. andreae*.

84 *Gymnocalycium bruchii*

Subgénero *Gymnocalycium*

De Córdoba, en las sierras Grandes y Chicas, y en San Luis; mayormente en lugares expuestos y elevados, con grandes variaciones de temperatura entre verano e invierno.

Plantas pequeñas: 2 o 3 cm de diámetro, raramente hasta 5; prolíferas, con raíz gruesa, cónica. Costillas: aproximadamente 10, no tuberculadas. Espinas: muchas, que cubren los tallos, blancuzcas, pequeñas y delicadas.

Flores de 2 a 4 cm de largo, rosadas o blancas, variables. Frutos típicamente deprimidos, raramente alargados, de 1 cm de diámetro.

Las plantas de diferentes poblaciones son sumamente diferentes en tamaño, número de costillas, espinas e incluso en el tamaño y proporciones de las flores. Una de sus características más constantes es tener los frutos más anchos que altos, aunque existen excepciones. Por otro lado es la primera especie de *Gymnocalycium* que florece en la primavera temprana. En invierno necesita frío.

85 *Gymnocalycium baldianum*

Subgénero *Gymnocalycium*

Jacinto Baldi (1877-1929) fue un ingeniero oriundo de la misma zona de Italia que Spegazzini y amigo de éste. Baldi trabajó en la Argentina en Vialidad Nacional en la construcción de puentes y caminos. Casualmente, es el abuelo de quién fue presidenta del Círculo de Cactus, Alicia Baldi de Cueli.

Especie frecuentemente cultivada, de la que existen numerosos híbridos. Crece en las partes altas del macizo de Ancasti, en Catamarca.

Tallos globosos, verde oscuro, de unos 4 a 6 cm de diámetro y 2,5 a 4 cm de alto, con el centro deprimido. Costillas: 7 hasta 11, bajas y obtusas, rectas. Tubérculos: 3 a 6 en cada costilla, separados por un pequeño surco transversal, con la areola en la parte superior del tubérculo y más abajo una giba angulosa. Espinas sólo radiales, gráciles, flexibles, algo arqueadas, de 0,7 a 1,2 cm, color marfil o grisáceas con la base rosada.

Flores casi apicales, que nacen del borde del ombligo, de sólo 3 a 4 (hasta 6) cm de largo, por fuera verde glauco, con aproximadamente 8 a 12 escamas blancuzcas; tépalos rojo oscuro, pocas veces más claros (hasta rosados) o albinos; filamentos de los estambres del mismo color que los tépalos, anteras amarillas; estilo rojo hasta violáceo. Estigma aproximadamente 5 lobulado, amarillo. Frutos ovoides, verde oscuro, de aproximadamente 1 a 1,5 cm de diámetro, dehiscentes por una rajadura longitudinal que comienza por la base. Semillas de 1 a 1,5 mm de diámetro, ovoides, negras, verrugosas, con la epidermis separada y color castaño.

86 *Gymnocalycium calochlorum*

Subgénero *Gymnocalycium*

De Córdoba, en ambas vertientes de las Sierras Grandes. En diferentes poblaciones tiene apariencia notablemente diferente.

Tallos generalmente prolíferos, algo deprimidos, con la parte enterrada cónica, continuada en la raíz napiforme. Tallo principal hasta de 7 cm de diámetro, los laterales menores. Epidermis generalmente verde claro, grisácea o amarillenta. Costillas: 9 a 13, formadas por 5 a 8 tubérculos separados por un surco transversal bien marcado: con la areola en la parte superior y por debajo una prominencia notable en forma de mentón. Espinas centrales ausentes; radiales, 7 a 13, dispuestas en 3 a 5 pares laterales y 1 inferior, todas arqueadas hacia el cuerpo o levemente retorcidas, de hasta 1 cm, débiles, más o menos adpresas, blancas o rosadas.

Flores más o menos centrales, de 5 a 6 cm de largo y de diámetro; pericarpelo y receptáculo de unos 3 cm de largo, grueso, aproximadamente 1 cm de diámetro en su parte superior, verde pálido. Tépalos de 3 a 4 cm de largo, blancos o algo rosados, abajo color rojo carmín, al igual que el tubo floral. Estilo blanco, corto y grueso, terminando en estigma de unos 10 lóbulos cortos, amarillos. Frutos ahusados ovados, de aproximadamente 4 cm de largo y 1,5 cm de diámetro, gruesos, verde claro, que se abren por una rajadura longitudinal. Semillas negras, ovales, con la epidermis parcialmente desprendida y en esa área color castaño.

87 *Gymnocalycium gibbosum*

Subgénero *Gymnocalycium*

Desde San Luis, Mendoza, sur de La Pampa y de Buenos Aires hasta Neuquén, Río Negro y Chubut. En su amplia distribución presenta numerosas variaciones, lo que dio origen a muchos nombres de especies y variedades. Para San Luis fue descripto *G. borthii* y para Mendoza *G. striglianum*, los que presentan epidermis oscura y espinas negras, con aspecto similar a *G. asterium*.

Tallos simples, deprimidos o globosos (pocas veces cortamente columnares), verde oscuros, algo azulados o castaño rojizos, de 3 a 10 (hasta 20) cm de alto y 5 a 15 cm de diámetro. Costillas: 12 a 19, interrumpidas por surcos transversales y con un mentón grande, anguloso. Espinas: radiales, 5 a 10 (raramente hasta 12), desde castaño oscuro hasta blanco sucio con base rojiza, rectas o poco arqueadas, de 1 a 3,5 cm de largo, rígidas. Centrales: 1 a 3 (hasta 5), raramente ausentes.

Flores grandes, robustas, de 6 a 6,5 (hasta 8,5) cm de largo, blancas o algo rosadas, por fuera oliva grisáceo. Estigma blanco 10 lobulado. Frutos de 5 a 8 cm de largo, verde oscuro o algo azulado o castaño. Semillas negras, verrugosas, con la epidermis parcialmente desprendida.

88 *Gymnocalycium kroenleinii*

Subgénero *Gymnocalycium*

Marcel Kroenlein (1928-1994), persona agradabilísima y gran amigo nuestro, fue por muchos años Director del Jardín Exotique de Mónaco, atracción mundial por lo espectacular de la presentación de las plantas suculentas y también centro de documentación de las mismas, incluídos los cactus.

La especie crece solo en montañas del Sur de La Rioja a 1300 m s.n.m. Es muy característica dentro del subgénero, por sus tubérculos prominentes y los frutos globosos.

Tallos simples, globosos, de 6 cm de diámetro, gris verdosos con tonos rojizos, raíz cónica, corta. Costillas 8-10, muy tuberculadas: espinas radiales en 3 a 4 pares laterales (raramento solo 2 espinas) y una hacia abajo, algo menores de 2 cm; central ausente ó 1, poco más larga, todas marrón grisáceas, con base rojiza.

Flores naciendo del centro del tallo, de 3 cm de largo y diámetro, por fuera verdes a rosadas, tépalos redondeados, rosados o más raramente blancos. Frutos globosos de 2 cm de largo y 1,2 cm de diámetro, violáceo grisáceos, de dehiscencia vertical, con escamas rosadas redondeadas.

89 *Gymnocalycium schroederianum*

Subgénero *Gymnocalycium*

G. schroederianum fue encontrado por el médico J. Schroeder en una localidad de la República Oriental del Uruguay cercana al río Uruguay. Por muchos años no se supo que es mucho más frecuente en Entre Ríos; otras subespecies crecen en el sur de Corrientes, norte de Santa Fe e incluso en sierras de Buenos Aires. En la mayoría de las localidades vive sobre terrenos arcillosos frecuentemente anegadizos, absolutamente inusuales para cactus. Florece abundantemente durante el verano y sus flores y frutos son llamativamente delgados y largos. El avance de la agricultura ha reducido su área; la mayor amenaza para su conservación es el desmonte para obtención de leña o para la agricultura.

Tallo globoso, deprimido, de hasta 5 cm de alto y 15 cm de diámetro, gris verdoso hasta morado. Costillas: 15 a 18, con 5 a 6 tubérculos redondeados.

Espinas arqueadas hacia el tallo, flexibles, 5 o 7 en 2 o 3 pares laterales y una inferior más larga, de 0,4 a 1 cm, generalmente blancas o amarillentas con base oscura. Flores generalmente muy largas, de hasta 7 cm de largo y 5,5 cm de diámetro, garganta blancuzca, rara vez rosa pálido; tépalos color blanco o amarillo limón. Estilo más corto que los estambres; estigma 10 a 12 lobulado, blanco o crema. Frutos más o menos claviformes de 2,5 a 3 cm de largo, color gris oliváceo, dehiscentes por una rajadura longitudinal. Semillas ovadas, negras, opacas, de aproximadamente 1,3 mm de largo.

90 *Gymnocalycium uebelmannianum*

Subgénero *Gymnocalycium*

Dedicado al entusiasta amateur y luego viverista suizo W. Uebelmann, actualmente retirado. Crece en La Rioja: sierra de Velasco, de 2.200 a 2.800 m. Afín a *G. baldianum.*

Tallos simples, cónicos, con la parte superior casi plana de 1 a 2 cm de alto y 6 a 9 cm de diámetro, grisácea. Raíz napiforme. Costillas: 8 a 12, separadas por surcos transversales en tubérculos más o menos redondeados de 5 a 8 mm de largo. Espinas: 5 a 7, todas radiales, de 5 a 15 mm, blanco tiza, arqueadas hacia el tallo.

Flores de 3,5 cm de largo y de diámetro, blancas hasta amarillentas, con garganta rosada. Estigma aproximadamente 10 lobulado, amarillento. Frutos globosos, verdes, con escamas color ocre. Semillas ovales, de 1 mm de diámetro, negro mate.

Si bien con experiencia pueden diferenciarse los *Gymnocalycium* por sus tallos y espinas, la posibilidad de equivocarse es grande. Las especies de diferentes grupos pueden tener forma y coloración similares; además, la misma especie, bajo condiciones ambientales diferentes, cambia.

91 *Gymnocalycium castellanosii*

Subgénero *Microsemineum*

Dedicada a Alberto Castellanos (1896-1968), destacado botánico argentino, especialista en cactus y bromeliáceas.

Del sur de La Rioja, este de San Juan y oeste de Córdoba, en montañas graníticas o de areniscas rojas, pobres en sustancias minerales aprovechables por las plantas, con temperaturas altas en verano, sobrepasando diariamente los 40 °C.

Tallos simples o prolíferos, hasta 10 cm de alto y 15 cm de diámetro, verde oscuro, el centro con areolas confluentes que forman un disco notable de pelos, sin espinas. Costillas: 10 a 12, tuberculadas, redondeadas cuando son jóvenes, aplanadas cuando adultas. Espinas radiales: 5 a 7, centrales: 1 a 2, todas blancuzcas o castañas, rígidas, de 2,5 cm.

Flores acampanadas, blancas con centro rosa o rojo, de unos 4,5 cm de largo. Frutos globosos o apenas ovoides.

92 *Gymnocalycium ferrarii*

Subgénero *Microsemineum*

Del límite de La Rioja con Catamarca. Afín a *G. hossei* (*G. mazanense*) y posiblemente sinónimo de *G. mucidum*. Es relativamente frecuente la forma con pimpollos sin clorofila y por eso de color rosa llamativo que aquí se ilustra.

Tallos simples, deprimidos, verde rojizos o grisáceos, de 3 a 4 cm de alto y hasta 9 cm de diámetro, con raíz cónica. Costillas: 10 a 14, con tubérculos prominentes. Espinas con base bulbosa, unas 8 en 3 pares laterales, una superior y otra inferior.

Flores de 4,5 cm de largo y 3,5 cm de diámetro, rosa claro, con garganta roja. Estilo corto, estigma 9 a 11 lobado, amarillo blancuzco.

La diferencia principal de *Gymnocalycium* con la mayoría de los géneros del país es que tienen escamas florales notables, pero no pelos ni cerdas. Sus tallos son en su mayoría globosos, muchas veces solitarios, en otros casos prolíferos. Un detalle que sirve para reconocerlos es que tienen no sólo las costillas formadas por mamelones, sino que éstos tienen una prominencia más o menos aguda debajo de la areola (llamada comúnmente "mentón"), excepto en unas pocas especies.

93 *Gymnocalycium monvillei*

Subgénero *Microsemineum*
Otro nombre: G. multiflorum

Abundante en las sierras Grandes y Chicas de Córdoba y zonas cercanas de San Luis. *G. achirachense* y *G. horridispinum* son considerados subespecies o variedades de esta especie, aunque el segundo difiere no sólo por su distribución sino por su menor tamaño, la epidermis verde oscuro, espinas negras o rojo oscuro, rectas, y sus frutos menores.

Tallos globosos, grandes: hasta 25 a 30 cm de diámetro y poco menos de alto. Epidermis verde claro. Costillas: 10 a 20, anchas, redondeadas, formadas por grandes tubérculos que a veces no constituyen costillas continuas. Espinas: 7 a 10, mayormente sólo radiales, gruesas (raramente delgadas), amarillo algo traslúcido, a veces con base rojiza, curvadas sobre los tallos, de 3 (hasta 6) cm; a veces una o varias centrales radiantes.

Flores: varias simultáneas (de allí *multiflorum*), en corona, casi siempre rosadas, o también blancas, de aproximadamente 4 cm de largo. Frutos verde amarillento, o amarillos cuando están maduros, jugosos. Semillas de 1 mm, castaño rojizas.

94 *Gymnocalycium mostii*

Subgénero *Microsemineum*

La forma típica de *G. mostii* se encuentra en las sierras Chicas de Córdoba y zonas cercanas de la misma provincia. Es similar a *G. monvillei*, del que difiere por sus espinas oscuras, sus flores, blancas o rosa pálido con garganta rojo oscuro, mucho mayores: 7 a 8 cm de largo y de diámetro, una o pocas simultáneas, y sus frutos algo menores, sólo 2 a 3 cm de diámetro.

Si bien *G. valnicekianum*, descripto para Capilla del Monte, tiene un aspecto bastante diferente por su menor tamaño y sus numerosas espinas delgadas, es sólo una población de la misma especie, como se deduce de las numerosas formas intermedias que se encuentran en los alrededores. Lo mismo sucede con "G. bicolor", de Cruz del Eje, que tiene las espinas radiales inferiores y las centrales oscuras y más gruesas que las radiales superiores.

95 *Gymnocalycium oenanthemum*

Subgénero *Microsemineum*

Otros nombres: G. tillianum, G. carminanthum. Oenanthemum *parece significar "flor en forma de jarra".*

Tallos deprimidos, solitarios, verde oscuro opaco, hasta 15 cm de diámetro. Costillas: 10 a 13, anchas, obtusas, con tubérculos notables. Espinas radiales: 5 a 7, fuertes, recurvadas sobre los tallos, de 2 a 3 cm, central 1 o más, similar a las radiales.

Flores rojas, de 4 a 5 cm, con tubo ancho y corto. Fruto verde oscuro, oval, de aproximadamente 3 cm de largo. Semillas rojizas, de 1,2 mm.

De las sierras de Ambato, en Catamarca; posiblemente las plantas de la parte baja del Valle de Catamarca con flores blancas pertenezcan a la misma especie.

96 *Gymnocalycium spegazzinii*

Subgénero *Microsemineum*

Spegazzini describió esta especie como *Echinocactus loricatus* (por la forma de dedos de loro en que se ubican las espinas), pero este nombre había sido usado para un cactus mexicano, por lo que Britton y Rose le dieron el nombre de su descubridor.

Frecuente en los Valles Calchaquíes de Salta, crece también en Tucumán y Catamarca, ente los 1.500 a 3.000 m s.n.m., muchas veces en terrenos arenosos. Cuando disponen de humedad más o menos constante por la cercanía de cursos de agua, alcanzan tamaños excepcionales: hasta 1 m de diámetro.

Tallos simples, mayormente deprimidos, de 4 a 8 cm de alto (en cultivo son mayores) y 20 a 40 cm de diámetro, verde grisáceos, con una zona central cubierta de pelos, sin espinas. Costillas: 10 a 20, anchas y bajas, con tubérculos apenas notables. Espinas: 5 a 7, todas radiales, arqueadas sobre el tallo, rígidas, gruesas, gris rojizas.

Flores del disco central piloso, grandes, hasta 7 cm de largo, blanco nacarado, con interior rojo oscuro; por fuera verde grisáceo. Frutos ovales de 4 a 6 cm de largo, verde grisáceos. Semillas globosas de 1 mm.

97 *Gymnocalycium saglionis*
Subgénero *Microsemineum*

("Saglione") Común en montañas bajas de Salta, Tucumán, Catamarca, La Rioja y noreste de San Juan, entre los 500 a 800 m s.n.m., característico de la vegetación del Monte. Los frutos son comestibles y con ellos se puede elaborar mermelada. Es el *Gymnocalycium* que alcanza mayor tamaño; lo hemos observado de hasta 1,20 m de diámetro.

Plantas simples, globosas, generalmente de hasta 40 cm de alto y de diámetro, excepcionalmente más, verde oscuro hasta verde amarillento. Costillas generalmente diluidas en tubérculos hexagonales, 13 a 22 —o más en plantas grandes—. Areolas grandes, con pelos blancos notables. Espinas arqueadas, negras o grises, 8 a 10 o hasta 15 radiales de 3 a 4 cm y 1 (hasta 6) central similar.

Flores blancas o algo rosadas, urneiformes de 3,5 a 4 cm, con tubo corto. Frutos rojos, globosos, de hasta 4 cm de diámetro, con pulpa verde traslúcida, dulce, jugosa; delicuescente (literalmente: se licua). Semillas pequeñas, menores de 1 mm, castaño claro, con verrugas aplanadas.

98 *Gymnocalycium mihanovichii*

Subgénero *Muscosemineum*

Del centro y sur del Chaco paraguayo, y en la Argentina en Formosa, Chaco y parte de Santiago del Estero.

Plantas llamativas por las bandas más claras y más oscuras de la epidermis, por lo que lo llaman "cactus cebra". En el cultivo es frecuente la forma sin clorofila llamada "hybotan" (injertada), que llama la atención por su color rojo.

Tallos simples, raramente prolíferos, globosos o globoso-deprimidos o en cultivo más altos que anchos, de 5 a 7 cm de diámetro. Costillas: aproximadamente 8 a 12, agudas, con bandas transversales notables, de diferente color: verdes y moradas. Espinas: 5 a 7, débiles y flexibles, amarillentas a gris hasta castaño, de 0,5 a 1 cm de largo.

Flores de 3 a 5 cm de largo y 3 cm de diámetro, frecuentemente poco abiertas, color amarillo o amarillo verdoso, con vetas castañas o rojizas, también rosadas. Fruto en forma de huso corto o claviforme, rojo vivo. Semillas globosas, amarillo castaño, de 0,7 a 0,8 mm de diámetro, tiene las células de la cubierta isodiamétricas, infladas.

99 *Gymnocalycium quehlianum*
Subgénero *Trichomosemineum*

Crece en los faldeos más o menos bajos de las sierras Grandes de Córdoba, raramente en los llanos. Tallos cónicos enterrados hasta globoso-deprimidos, mayormente morados, o verde grisáceos, de más o menos 3 cm de alto y hasta 7 cm de diámetro. Costillas: aproximadamente 11, formadas por 4 a 6 tubérculos redondeados, que llevan una giba notable, aguda, que se proyecta hacia abajo. Espinas: 5, todas radiales, subuladas, rígidas, de 4 a 10 mm, blancas o amarillentas, con base rojiza; generalmente arqueadas sobre las gibas.

Flores blancas, con garganta rojiza, de 4 a 6 cm de largo, por fuera de igual color que el tallo, pétalos cortos. Frutos subcilíndricos a fusiformes anchos, de 2 a 3 cm de largo.

100 *Gymnocalycium ragonesei*

Subgénero *Trichomosemineum*

Arturo Ragonese (1909-1992) fue un destacado investigador argentino, botánico y agrónomo, quien coleccionó esta planta en sus estudios de la vegetación de las salinas de la Argentina.

Del extremo sudeste de Catamarca, en el borde de las Salinas Grandes. Sumamente difícil de encontrar porque viven generalmente semienterrados: la parte aérea está parcialmente cubierta por tierra. La concentración de sales es alta en la superficie del suelo, pero disminuye hacia abajo, donde crecen las raíces.

Tallos simples con la parte superior más o menos plana (de acuerdo con la hidratación puede ser desde algo cóncava hasta convexa), de aproximadamente 1 cm de alto y 5 cm de diámetro, color castaño oscuro. Costillas: aproximadamente 10, bajas, separadas por surcos transversales. Espinas: 6, todas radiales, débiles, blancas, de sólo 3 mm, aplicadas sobre los tallos.

Flores blancas, largas y delgadas, de 4 a 7 cm de largo, por fuera verde ceniciento con escamas de borde más claro. Garganta con fondo rojizo, estilo cilíndrico de 10 mm; estigma 8 lobulado. Frutos de 4,5 (hasta 6) cm de largo, verde grisáceos, ahusados, dehiscentes por una larga rajadura. Semillas de aproximadamente 1 mm de diámetro, castaño claro brillante.

Género *Gymnocalycium*

Este apartado está pensado porque Gymnocalycium es el género de cactus más numeroso de la Argentina, donde tiene su centro de distribución, con unas 50 del total de aproximadamente 60 especies. Se encuentra también en el Uruguay, Paraguay, sur de Brasil y este de Bolivia.

La mejor manera de comenzar a clasificarlos es por la forma, color y tamaño de las semillas. Una vez que sabemos a qué subgénero pertenece un "Gymno", es mucho más fácil identificar la especie.

Si bien las semillas son pequeñas, su forma general y coloración pueden verse a simple vista o con poco aumento (una lupa de mano). En cambio las características de la superficie sólo se observan con aumentos mayores.

Subgénero *Gymnocalycium*

Unas 15 especies, posiblemente es el subgénero más complejo. Viven desde Santiago del Estero hasta el norte de la Patagonia. Las semillas tienen de 1 a 1,5 mm de diámetro.

Subgénero *Macrosemineum*

Es característico del Uruguay, sur del Brasil, este del Paraguay, y en la Argentina sólo 2 o 3 especies en el noreste. Las semillas son relativamente grandes: 1,5 a 2,2 mm de diámetro.

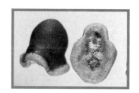

Subgénero *Microsemineum*

Comprende varios grupos. Informalmente podríamos separar dos:
1. Las numerosas (aproximadamente, 12) especies con frutos que se abren por una rajadura, con pulpa blanca que no se licua. Las semillas son de poco menos de 1 mm, castaño oscuro hasta negras. Comprende varias especies del noroeste de la Argentina: Salta hasta Córdoba y San Luis.
2. Las especies cuyos frutos (paredes y pulpa) se licuan, con semillas lisas, menores a 0,5 mm. Comprende dos especies argentinas: *G. saglionis* y *G. pflanzii*, la última también en Bolivia y Paraguay. Las semillas son lisas, brillantes, de sólo 0,5 mm, marrón rojizo.

Subgénero *Muscosemineum*

Su centro de variación es el Chaco de Bolivia y Paraguay. Algunas especies se encuentran en Salta y Formosa hasta Córdoba y San Luis. Hay unas 3 especies en el país. Sus semillas son globosas, de aproximadamente 1 mm de diámetro.

Subgénero *Trichomosemineum*

Exclusivo de los semidesiertos del oeste de la Argentina. Son sólo unas 4 especies. Las semillas son de aproximadamente 1 mm de diámetro, con forma de sombrero.

Cultivo

Los consejos que siguen se hicieron pensando en un clima como el de Buenos Aires, por lo que para otros climas deben adaptarse. Las indicaciones que se encuentran en libros europeos se aplican mayormente a los climas del norte de Europa.

Cuando un cactus ingresa al cultivo

Recomendamos sacar la planta de su maceta, limpiarla (por lavado y cepillado) y examinar si las partes aéreas y las raíces están sanas o si tienen alguna plaga; verifique que no haya manchas de hongos, cochinillas u otras enfermedades. Conviene cortar las raíces viejas, las nuevas crecerán vigorosas y estarán en mejores condiciones para alimentar la planta.

Muchas plantas recogidas de la naturaleza se adaptan con dificultad al cultivo. Por otro lado, pueden llevar ocultas plagas (hongos, larvas de insectos, bacterias, virus) que en un ambiente propicio se esparcirán rápidamente. Por esto y también por motivos conservacionistas es mejor no ingresar a las colecciones plantas extraídas del campo.

Si de todos modos esto se hace, se deben mantener los ejemplares separados de la colección general por varios meses, preferiblemente todo un período de crecimiento (septiembre a marzo), también al traer plantas de otros cultivos. Al recibir las plantas, hay que examinarlas cuidadosamente y desinfectarlas con insecticidas y especialmente con fungicidas una o más veces.

Los ejemplares adultos son los más difíciles de aclimatar; por eso son preferibles los jóvenes. Si bien requiere más tiempo, lo mejor es hacer almácigos, con lo cual se tendrán varias plantas para la colección propia, para intercambio y obsequio.

La experiencia de hacer crecer una planta desde la semilla es apasionante y el regalar plantas reproducidas por uno mismo produce un orgullo indescriptible.

Reproducción por semillas

Conviene realizar la siembra en invernáculo o en germinadores pequeños, en época cálida, entre octubre y febrero. La siembra de octubre tendrá plantas bastante grandes con la llegada del invierno, mientras que si se siembra en febrero serán muy pequeñas y débiles durante esa época.

La mejor germinación se obtiene de semillas recién cosechadas, aunque hay excepciones: las que necesitan un período de estratificación (maduración) antes de ser sembradas. Algunas especies, por ejemplo las de *Frailea*, mantienen su viabilidad por pocos meses, pero la gran mayoría puede germinar incluso varios años después de cosechadas, aunque cada vez en menor porcentaje.

La preparación del suelo varía según cada cultivador, aunque los resultados parecen similares. Podemos recomendar una mezcla de turba, tierra de jardín y algo de arena gruesa, lo que permite un suelo levemente ácido (pH cercano a 6), por ello debe estar libre de cal (que le daría alcalinidad). Si se desea esterilizar la tierra, puede hacerse al vapor dentro de una olla a presión, por unos 20 minutos.

Cuando ya se tenga la maceta o bandeja con el sustrato, éste se alisa y compacta suavemente, y se humedece por inmersión en agua que contenga algún fungicida. Éste previene ataques de hongos del suelo o los traídos por las semillas. Se esparcen las semillas y se las presiona levemente para que estén en buen contacto con el suelo húmedo, o puede esparcirse arena fina sin cubrirlas, ya que necesitan luz para germinar. Conviene mantener los potes a media sombra y muy húmedos durante la germinación y aumentar la iluminación gradualmente, al tiempo que se disminuye la humedad.

Plantulas de Frailea *recién germinadas*

La temperatura ideal promedio para la germinación de cactus es de 25 °C, pero de sólo 20° en los de clima frío y hasta 30° en los tropicales.

Las oscilaciones diarias de temperatura son supuestamente beneficiosas para la germinación. Además, estas oscilaciones producen plantas más resistentes a los cambios atmosféricos.

Algunas especies germinan en pocos días, pero lo normal es de una a dos semanas, en otras hasta 3 meses; es irregular.

Cuando las plantitas llegan a tocarse lateralmente conviene repicarlas dejando distancia para el crecimiento futuro y usando suelo muy permeable.

El repicado se hace con una pinza de laboratorio —o de depilación—, cuidando no lastimar las raicillas. Con una punta (puede ser un lápiz) se hacen pequeños hoyos, donde se ponen las plantitas. El suelo puede ser similar al usado para la germinación. Las semillas de *Opuntia* germinan con gran dificultad, irregularmente, durante seis meses a dos años.

Oreocereus celsianus, plantas de tres meses (izquierda) y de tres años (derecha)

Por gajos o esquejes

Es la forma más fácil de reproducción en los cactus, en especial los que se ramifican; estos gajos emiten raíces fácilmente. Teóricamente, una sola areola podría cortarse y en condiciones apropiadas arraigaría. Sin embargo en la práctica necesitamos un trozo de planta con mayor cantidad de reservas para que sobreviva.

La primavera es la mejor época para hacer gajos.

Las ramificaciones muchas veces tienen una parte más estrecha, una estrangulación; es allí donde conviene cortar para hacer los gajos. La propagación también puede hacerse con el extremo de una rama o con la parte superior de un cactus globoso.

Conviene biselar el gajo, o sea recortar las areolas inferiores, inmediatamente luego de hacer el corte, para que las nuevas raíces nazcan del cilindro interior de conducción de savia, no de las areolas del borde.

Cuando los gajos son grandes (por ejemplo, *Cereus*) se cortan los brotes más jóvenes, se los deja cicatrizar 8 a 10 días si es una planta adulta y sólo 2 o 3 si es joven.

El suelo donde se hacen arraigar los gajos es el mismo que para los otros cactus, pero con la precaución de cubrirlo con 1 o 2 cm de arena, donde las raíces se desa-

Pyrrhocactus *cultivados en maceta*

rrollan bien, para encontrar luego el verdadero suelo nutritivo, que es cuando se notará un impulso en el crecimiento del gajo.

Si queremos multiplicar cactus epifitos por esquejes usamos suelo ácido y suelto (le agregamos mucha turba).

Por injertos

Se utiliza este método para acelerar el crecimiento de plantas lentas (el vigor del pie se transmite al injerto) o incluso recién germinadas, y también para mantener vivas las rarezas como son las plantas sin clorofila, que de otro modo morirían (son plantas que sólo muestran sus pigmentos rojos o amarillos, ya que no tienen el verde que los enmascara en las plantas normales).

El injerto de plantas con pocas semanas de nacidas es recomendado si se quiere que desarrollen rápidamente, de modo de tenerlas grandes y quizás floreciendo en sólo uno o dos años. Luego pueden separar del pie y hacerlas crecer en sus propias raíces.

También se acostumbra injertar las plantas crestadas y monstruosas, que en algunos casos son difíciles de enraizar.

Existen diversos tipos de injertos (el más usado es el llano, también en cuña y lateral), y una serie de consejos sobre los detalles para realizarlos. Lo esencial es que se realicen con gran asepsia (todo limpio, cuchilla desinfectada), en época cálida, cuando injerto y portainjerto estén activos, pero en un momento fresco (por ejemplo al atardecer) para evitar la cicatrización rápida de los cortes. Las partes que deben conectarse de cada una de las dos plantas son los vasos de conducción de agua y otras sustancias, los que se distinguen porque se disponen en anillo en el corte transversal. Debe usarse algún sistema (una banda elástica, hilo, un peso...) para mantener unidas las dos partes por un tiempo, hasta que se "suelden"; de lo contrario la presión de la savia expulsaría al injerto.

Hay varias especies que se utilizan para portainjerto. *Hylocereus undatus* es un pie muy fácil para injertar, el pegado del injerto es casi inmediato, no se expulsa y produce un crecimiento rápido del mismo. Como inconveniente, se agota en corto tiempo. Las especies de *Pereskiopsis* son también muy usadas con gran éxito. Cuando quiera tenerse un injerto por muchos años, *Trichocereus pachanoi* o *atacamensis* son recomendados, aunque hay muchos otros que producen buenos resultados.

Plagas y enfermedades

Los cactus en general son fáciles de cultivar y relativamente poco atacados por plagas. Sin embargo, la concentración de plantas similares que significa un cultivo especializado da lugar a que éstas proliferen.

Las plantas con adecuada luz, aireación y nutrientes resisten mejor las enfermedades; si esto no es así tienen "bajas las defensas" y las enfermedades se desarrollan fácilmente.

Insectos: frecuentemente en el ambiente seco del invernáculo se instalan cochinillas —de los tallos o de la raíz— y también arañuelas, larvas de moscas u otros insectos. También se ven plantas comidas por caracoles y hormigas. Las plagas mencionadas se controlan con insecticidas, especialmente con los sistémicos, que la planta absorbe y distribuye, incluso en las raíces. El efecto es muy específico: sólo los insectos que comen nuestras plantas son combatidos, sin perjudicar a otros insectos, aves o animales domésticos. Evitemos usar insecticidas mientras las plantas florecen, para no envenenar a los polinizadores.

Las plagas de las raíces son difíciles de detectar; entre ellas encontramos los *nematodos* (larvas en forma de gusanos muy pequeños, encapsuladas en engrosamientos de las raíces) y la *cochinilla algodonosa de raíz*. Si se advierte alguno de estos problemas, lo mejor es cortar las raíces atacadas y sumergir en una solución insecticida. Descartar maceta y tierra.

Los *hongos* pueden proliferar si el ambiente es excesivamente húmedo o si el sustrato se encharca o retiene excesiva humedad. Existen también fungicidas sistémicos. La mezcla de insecticidas y fungicidas no se recomienda, ya que en algunos casos son incompatibles. Conviene extirpar las ramas o partes de los cactus —o incluso desechar la planta completa— que estén atacados por hongos, ya que en general son difíciles de combatir; para algunos aún no se encontró remedio. Las plantas de campo tienen hongos que en su medio desarrollan lentamente, no así en cultivo.

Bacterias y virus: se presentan raramente, pero son muy difíciles de controlar; se observan como manchas amarillentas (ya que dificultan la formación de la clorofila). Aunque este síntoma también puede corresponder a la falta de algún nutriente. Si se trata de plantas que pueden ser repuestas, es mejor eliminarlas. Las enfermedades bacterianas se controlan muy difícilmente con antibióticos (que son caros) mientras que los virus no son controlables. Si no se desea desechar la planta completa, la única solución podría ser cirujía mayor: cortar las partes afectadas.

Sustrato

Debe ser poroso, permeable; el agua de riego debe desaparecer rápidamente para evitar el enchar-camiento y permitir que el aire tenga fácil acceso a las raíces.

Una mezcla promedio es una parte de tierra de jardín, una de arena gruesa y una de turba (para los epifitos, dos partes de turba). Es importante que no tengan estiércol fresco ni otras sustancias orgánicas en descomposición.

Los nutrientes principales son nitrógeno (N), fósforo (P) y potasio (K); las plantas también necesitan de muchos otros elementos en menor cantidad, siempre en forma de sales solubles en agua. Los fertilizantes comunes tienen 8:8:8 (o sea partes iguales de N, P y K), pero para cactus es preferible 4:8:8 (o sea la mitad de N); además estos fertilizantes mayormente tienen todos los otros elementos necesarios. Si no se consigue fertilizante con proporción 4:8:8, puede usarse uno común (8:8:8) pero aplicarse la mitad de la dosis. No hacen falta en tierras recién preparadas, pero pueden usarse, por ejemplo, si después de 3 años sin cambiarla se quiere ahorrar ese trabajo.

La tierra de las macetas no se "gasta" por lo que la planta consume, sino que sus sales nutri-tivas se escurren, "se lavan", mayormente por riego excesivo, razón por la cual deben abonarse o reponerse. En las macetas porosas el agua se evapora por sus paredes y arrastra los nutrientes, y la parte inerte del suelo queda como un cascote duro y estéril (las raíces están apiñadas sobre los bordes, tratando de encontrar aireación y las sales fugadas). Por eso es mejor cultivar en macetas no porosas (generalmente plásticas), con la ventaja de que se necesita menor riego. Dada la menor evaporación, hay que acostumbrarse a regar menos, bajo pena de pudrir las plantas. Siempre deben tener buen drenaje.

Cubrir con piedritas la superficie libre de la tierra es decorativo y evita la desecación rápida.

Un aspecto importantísimo del suelo es su grado de acidez. En general debe ser neutro o leve-mente ácido (pH 6 a 7). Son pocas las especies que prefieren suelos alcalinos (en general se las injerta por ser "plantas de difícil crecimiento", aunque serían fáciles de cultivar con un pH adecuado). En cambio las plantas epifitas, de ser cultivadas en tierra, necesitan un suelo bastante ácido.

Riego

Para mantener el grado correcto de acidez de la tierra, es importante que el agua de riego no con-tenga sarro (carbonato de calcio, o cal); el agua de lluvia es la mejor.

Una de las preguntas más comunes es sobre la frecuencia de los riegos. La respuesta es com-pleja. Depende de la capacidad de retención de agua del sustrato, de la temperatura, aireación, exposición al sol, humedad ambiente y también de las especies de que se trate. También varía si las plantas están en tierra o en macetas, y del tamaño de las macetas.

Por esto no existe una frecuencia exacta para los riegos. Un riego semanal en verano, quincenal en otoño y primavera y esporádico en invierno (muy reducido y en días cálidos) sería un consejo muy general. Conviene dejar la tierra seca entre riego y riego. Difícilmente mataremos a un cactus por falta de agua, pero sí por exceso. Un buen indicador de cuándo regar puede ser alguna maleza que crezca en el cultivo: cuando está mustia se puede regar; si se encuentra turgente, no.

Gran parte de los cactus argentinos (los del oeste, noroeste y centro) y de otros países reciben en la naturaleza lluvias de verano (la época en que crecen y florecen) y sequía en invierno. En cultivo necesitan el mismo régimen. Esto y abundante iluminación son las claves para que florezcan. Por eso los riegos deben ser gradualmente aumentados en primavera y verano, decreciendo en el otoño y ausentes (o sólo con alguna leve rociada) en invierno. El frío húmedo no es tolerado, en general, por los cactus.

Sin embargo, los oriundos de zonas con lluvias más o menos uniformes a lo largo del año constituyen una excepción. Entre éstos tenemos por ejemplo los del litoral argentino (Buenos Aires, Entre Ríos, Santa Fe), y también los del Uruguay; aceptan bien épocas secas, pero sufren si las sequías son prolongadas.

Colección de Marnier La Postole, Francia

Algo similar ocurre con los cactus de la Patagonia, que reciben nevadas y lluvias en invierno, mientras que los veranos son secos. Estas plantas aprovechan el agua en la primavera.

Por eso se deben regar más en primavera y menos en verano; algunos (*Maihuenia*) parecen preferir riegos en pleno invierno. Sin embargo nuestra experiencia al cultivar cactus patagónicos no es para nada exitosa, lo que atribuimos a las diferencias en la intensidad de la luz y en la longitud del día. En el norte de Europa (con condiciones de luz similares a su hábitat) estas plantas se cultivan mucho mejor que en Buenos Aires. El riego por inmersión es recomendado, en especial para los almácigos.

Condiciones ambientales

Luz: la gran mayoría de los cactus necesitan gran intensidad de luz. En general en los cultivos no se alcanza a la que tendrían en su ambiente. Sin embargo en varios casos se mantienen mejor a media sombra, como en *Frailea* (se debe considerar que muchos cactus viven bajo arbustos, arbolitos o matas de pasto).

Cuando falta luz, la epidermis presenta un verde más claro, los tallos tienden a hacerse más delgados (ahilados) y las espinas más débiles. Estas plantas resisten poco las plagas y condiciones ambientales desfavorables, están débiles.

Temperatura: son muy tolerantes a diferentes rangos de temperatura. La mayoría soporta fríos intensos (cerca de 0 °C o menores) siempre y cuando no estén muy hidratados. En verano toleran temperaturas muy altas, y esto depende de varios factores; algunas especies no soportan el sol directo del verano, y menos aún si en invierno tuvieron iluminación deficiente.

Respecto de las especies de otros países, conviene conocer el clima original para saber cómo cuidarlas; las de zonas tropicales pueden morir con temperaturas menores a los 5 °C, y aunque no mueran, su desarrollo es escaso. Además, clima no significa sólo temperatura; también régimen de lluvias, longitud del día, etc.

Un aspecto generalmente poco mencionado es la temperatura que alcanzan las macetas (y las raíces); muchas veces es demasiado alta y parte de las raíces muere. En esos casos la planta tiene

123

una lucha diaria; las raíces absorbentes crecen por unas horas y tratan de absorber agua y nutrientes, pero luego mueren y otras raicillas deben ser creadas rápidamente. Una solución es aumentar
el tamaño de las macetas; otra, enterrarlas parcialmente en una capa de arena o de vermiculita, la
que puede humedecerse levemente, manteniendo la temperatura en un rango aceptable. En climas
fríos el problema puede ser el inverso: que las raíces sufran por las temperaturas bajas.

Sería ideal tener mesas de cultivo levemente inclinadas, cubiertas por una capa de arena o
vermiculita de 5 a 10 cm, donde el riego se hiciera en un extremo y el exceso drenara por el opuesto.

En climas como el de Buenos Aires puede tenerse la mayoría de los cactus sin calefacción,
bajo techo de vidrio o plástico, pero no hacen falta paredes laterales (excepto por el ingreso lateral
de lluvia o vientos muy húmedos).

Para las plantas muy jóvenes o las de climas cálidos puede tenerse un sector con "cama caliente"
(por ejemplo una mesada con una lámpara incandescente o una resistencia por debajo, regulada
por un termostato a 15 °C), donde también se ubican los ejemplares que deseamos se desarrollen
más rápido. Esa zona puede requerir algo de riego en invierno.

Ventilación: el ambiente debe estar bien ventilado, con circulación de aire. Esto evita que en algunos rincones se concentre humedad y proliferen hongos; por otro lado el movimiento del aire es
conveniente para la respiración de las plantas. Un ambiente poco ventilado puede tener en verano
bolsones muy calientes que se mantengan durante la noche.

Conservación

Al igual que otras plantas y que los animales, los cactus tienen disminuidas muchas poblaciones
naturales por el avance de las ciudades, industrias, construcción de caminos y en especial por su
mayor enemigo: la agricultura.

Como lo anterior es aparentemente inevitable, la mejor opción para la conservación de los
organismos naturales son las áreas de reserva.

Por ser los cactus plantas que se cultivan, hubo, además, en muchos casos intensa extracción por
comerciantes y aficionados, extracción que ha disminuido mucho por la mayor conciencia ambiental
y por las regulaciones vigentes, como el convenio CITES para el tráfico internacional y diversas
leyes para el interior del país.

En los últimos años cambió la mentalidad de los cultivadores; mientras que antes era un orgullo
tener plantas "de campo", tal como el trofeo de una cacería, la mayoría hoy prefiere las cultivadas,
con mejor aspecto, mejor sanidad y más adaptadas al cultivo. La reproducción por semillas o por
esquejes satisface la demanda sin perjudicar las poblaciones naturales. En ambos casos los injertos
permiten acelerar el crecimiento para las plantas más lentas.

Las leyes internacionales, nacionales y provinciales deben ser cumplidas, si bien tienden a ser
restrictivas en exceso, lo que estimula su incumplimiento. Esperamos que evolucionen hacia una mayor
simplicidad y que se encuentren fórmulas para satisfacer a los amantes de las plantas (y también
a los productores) sin perjudicar la naturaleza y por el contrario, sumándolos a su conservación.

Glosario

Adpreso, sinónimo de aplicado, se usa para señalar que las espinas están aplicadas sobre el tallo.

Ahilado, tallo adelgazado y blanquecino por déficit de luz.

Arilo, estructura leñosa o corchosa que recubre las semillas de Opuntioideae. Estrictamente es redundante decir "arilo seminal", porque simpre lo es, pero ayuda a recordar.

Artejo, segmento de tallo limitado por una estrangulación, como sucede en *Opuntia, Tephrocactus* y otros géneros.

Carúncula, excrescencia con aspecto de corcho que poseen algunas semillas, como en *Parodia*.

Cladodio, artejo aplanado, como los de *Opuntia*.

Claviforme, en forma de clava, o sea la parte superior más ancha que la inferior.

Crestado, en forma de cresta; se aplica a las deformaciones teratológicas con esa forma que son frecuentes en cactus y otras suculentas.

Delicuescente, que se licua; se aplica a los frutos que al madurar se licuan.

Epíteto específico, la segunda palabra del nombre de una especie (el nombre de una especie son ambas palabras, la primera designa al grupo —o sea al género—, la segunda a la especie).

Especie, es la unidad biológica, aunque difícil de definir. En la concepción antigua, fijista o crea-cionista, la constituyen todos los individuos similares (un concepto puramente morfológico). Si bien modernamente hay otros puntos de vista, en general aceptamos que una especie está constituida por todos los individuos similares que pueden cruzarse y dar descendencia fértil. En organismos de ciclo de vida corto, esto puede ser muy bien estudiado haciendo cruzamientos; en cactus en cambio es más laborioso ya que lleva años; por lo cual se utiliza el concepto morfológico modificado con estudios de la variación en la naturaleza.

Género, grupo de especies con características similares.

Gloquidios, espinas pequeñas, en conjuntos numerosos, dispuestas como en un pincel.

Monstruoso, teratología que consiste en que todas las areolas tengan activada la capacidad de dar ramas. Produce individuos deformes, irregulares, y eventualmente ramas normales.

Poliploide, que tiene dos o más veces el número normal de cromosomas de la especie. Generalmente son individuos o poblaciones de mayor tamaño y vigor que los normales o diploides.

Retrorso, "que va hacia atrás", se aplica a las asperezas que se forman en las espinas de la gran mayoría de las Opuntioideae, y en especial en los gloquidios.

Rotáceo, en forma de rueda, se aplica a las flores que al abrir forman un disco.

Setáceo, como setas, o sea cerdas; no confundir con el nombre de los hongos en España.

Simple (planta, tallo), que no es ramificado.

Subulado, en forma de aguja de colchonero, o sea cilíndrico terminando en punta.

Tubérculo, protuberancia de los tallos, en general debajo de las areolas, aunque éstas también pueden estar en la axila entre dos tubérculos. Cuando los tuberculos se alinean forman las costillas.

Bibliografía

Para la Argentina

Arenas, P. y Scarpa, G. F. *"The edible* Harrisia *species of the Gran Chaco"*, Haseltonia 9: 26-34, 2002.

Backeberg, C. *Die Cactaceae* 1-6: 1-4.041. Fischer Verlag. Jena, 1958-1962.

Backeberg. C. *Das Kakteenlexicon.* Fischer Verlag. Jena, 1996 (hay traducción al ingles)

Barthlott, W. y Taylor, N. P. *"Notes towards a monograph of* Rhipsalis*"*, Bradleya 13: 43-79, 1995.

Britton, N. L. y Rose, J. N. *The Cactaceae* 1-4, Carnegie Institution. Washington, 1919-1922.

Castellanos, A. Publicó varios trabajos sobre cactáceas, entre 1925 y 1950, recopilados en un volumen en su homenaje en 1984 (Círculo de Coleccionistas de Cactus y Crasas de la R. Argentina).

Kiesling, R. y Piltz, J. *"Yavia cryptocarpa"*, R. Kiesling y Piltz, gen. et sp. nov. *Kakteen Succ.* 52(3): 57-63, 2001.

Kiesling, R. y Ferrari, O. *"The genus* Parodia *s.str. in Argentina I"*, Cact. Succ. J. (EE. UU.) 62 (4): 194-198 y 62 (5): 244-250, 1990.

Kiesling, R. *"Argentine Notocacti of the genus* Parodia*"*, Cact. Succ. J. (EE. UU.) 67 (1): 14-22, 1995.

Kiesling, R. *"Cactaceae"*, en Kiesling, R. (ed.) *Flora de San Juan 2*: 161-196, 2003.

Kiesling, R. *"Cactaceae"*, en Maevia N. Correa (ed.) *Flora Patagónica* 5: 218-243, 1988.

Kiesling, R. "El género *Harrisia* en la Argentina", *Darwiniana* 34 (1-4): 389-398, 1996.

Kiesling, R. "El género *Trichocereus* I: Las especies de la República Argentina", *Darwiniana* 21 (2-4): 263-330, 1978.

Kiesling, R. "Estudios en Cactaceae de Argentina: *Maihueniopsis, Tephrocactus* y géneros afines (Opuntioideae)", *Darwiniana* 25: 171-215, 1984.

Kiesling, R. "Los géneros de *Cactaceae* de la Argentina", l.c. 16 (3): 179-227, 1975.

Kiesling, R. *"Puna*, un nuevo género de Cactaceae", *Hickenia* 1 (55): 289-294, 1982.

Kiesling, R. *"The genus* Pterocactus*"*, Cact. Succ. J. Gr. Brit. 44 (3): 51-56, 1982.

Leuenberger, B.E. *"Maihuenia*. Monograph of a Patagonian genus of Cactaceae", *Bot. Jahrb. Syst.* 119(1): 1-92, 1997.

Leuenberger, B.E. *"Pereskia"*, Memoirs New York Bot. Gard. 41: 1-141, 1986.

Mauseth, J., Kiesling, R. y Ostolaza, C. *Cactus odyssey, Journeys in the wilds of Bolivia, Peru and Argentina*. Timber Press. Portland, Oregon. ISBN 0-88192-526-8. pp. I-XII, 1-306. Ilustr., 2002.

Méndez, E. "Hibridación natural entre *Trichocereus candicans* y *T. strigosus*". *Hickenia* 3(21): 73-76. 2000.

Metzing, D., Meregalli M. y Kiesling, R. "An annotated checklist of the genus *Gymnocalycium"*, *Allionia* 33: 181-228, 1995.

Metzing, D. y Thiede, J. "Testa sculpture in the genus *Frailea"*, Botanical Journ. Linnean Soc. 137: 65-70, 2001.

Pilebeam, J. *Gymnocalycium.* A collector's Guide. A.A. Blakema Publishers, Rotterdam, 1995.

Spegazzini, C. Realizó varias publicaciones sobre cactáceas, entre 1897 y 1925, las que se reunieron en un volumen en 1984. Librosur ed.

Para otros países

Benson, L. *The cacti of the United States and Canada.* Stanford Univiversity Press, 1982.

Bravo H. H. y Sánchez Mejorada. *Las cactáceas de México*, 2ª ed., en 3 volúmenes, Universidad de México, 1978-91.

Madsen, J. E. "Cactaceae", en Harling *et al.* (Eds), *Flora de Ecuador* 35: 1-79. Copenhague, 1989.

Scheinvar, L. "Cactáceas", en Reitz, *Flora Catarinensis*, 1985.

Kiesling, R. "Les Cactées de Bolivie", *Succulentes* (Francia), Número especial 1999: 3-48 (versión inglesa del texto, por separado:1-16), 1999.

Hoffmann, A. *Las cactáceas en la flora silvestre de Chile.* Fundación Claudio Gay, 1989.

Índice

Los cactus 7
Qué es un cactus...7
Qué no es un cactus....................................7
Área 8
Las partes de los cactus............................9
 Raíces 9
 Tallos..9
 Areolas 10
 Espinas 11
 Gloquidios (también llamados janas,
 penepes, puquios, quepos, aguates) 11
 Pelos..12
 Flores...12
 Frutos 13
 Semillas...14
Polinización...15
Nombres..15
Utilidades..15

1 Pereskia sacharosa 17
2 Pereskia aculeata....................................18
3 Maihuenia patagonica 19
4 Maihuenia poeppigii 20
5 Brasiliopuntia schulzii 21
6 Quiabentia verticillata 22
7 Opuntia elata 23
8 Opuntia quimilo 24
9 Opuntia schickendantzii 25
10 Opuntia arechavaletae............................26
11 Opuntia ficus-indica 27
12 Opuntia sulphurea 28
13 Tunilla corrugata 29
14 Pterocactus fischeri 30
15 Pterocactus australis 31
16 Pterocactus araucanus 32
17 Pterocactus hickenii 33
18 Pterocactus tuberosus 34
19 Cylindropuntia tunicata 35
20 Puna bonniae 36
21 Puna subterranea 37
22 Tephrocactus weberi................................38

23 Tephrocactus geometricus 39
24 Maihueniopsis glomerata 40
25 Austrocylindropuntia verschaffeltii 41
26 Austrocylindropuntia shaferi 42
27 Rhipsalis monacantha 43
28 Rhipsalis aculeata 44
29 Rhipsalis cereuscula 45
30 Rhipsalis baccifera 46
31 Pfeiffera ianthothele 47
32 Epiphyllum phyllanthus 48
33 Selenicereus setaceus 49
34 Harrisia pomanensis 50
35 Harrisia martini 51
36 Stetsonia coryne 52
37 Monvillea spegazzinii 53
38 Cereus uruguayanus 54
39 Cereus æthiops 55
40 Trichocereus atacamensis 56
41 Trichocereus tarijensis 57
42 Trichocereus andalgalensis 58
43 Trichocereus huascha 59
44 Trichocereus lamprochlorus 60
45 Trichocereus thelegonus 61
46 Trichocereus strigosus 62
47 Trichocereus candicans 63
48 Setiechinopsis mirabilis 64
49 Cleistocactus baumannii 65
50 Cleistocactus smaragdiflorus 66
51 Oreocereus celsianus 67
52 Oreocereus trollii 68
53 Denmoza rhodacantha 69
54 Echinopsis albispinosa 70
55 Echinopsis leucantha 71
56 Rebutia margarethae 72
57 Lobivia bruchii 73
58 Lobivia famatimensis 74
59 Lobivia formosa 75
60 Lobivia densispina...................................76
61 Austrocactus bertinii 77
62 Pyrrhocactus bulbocalyx 78
63 Pyrrhocactus sanjuanensis 79

64 Parodia maassii 80
65 Parodia microsperma 81
66 Parodia penicillata 82
67 Parodia chrysacanthion 83
68 Parodia ottonis 84
69 Parodia submammulosa 85
70 Parodia schumanniana 86
71 Acanthocalycium spiniflorum 87
72 Acanthocalycium glaucum 88
73 Acanthocalycium thionanthum 89
74 Acanthocalycium ferrarii 90
75 Blossfeldia liliputana 91
76 Frailea pygmaea 92
77 Frailea pumilla 93
78 Frailea mammifera 94
79 Weingartia neumanniana 95
80 Wigginsia sessiliflora 96
81 Yavia cryptocarpa 97
82 Neowerdermannia vorwerkii 98
83 Gymnocalycium andreae 99
84 Gymnocalycium bruchii 100
85 Gymnocalycium baldianum 101
86 Gymnocalycium calochlorum 102
87 Gymnocalycium gibbosum 103
88 Gymnocalycium kroenleinii 104
89 Gymnocalycium schroederianum 105
90 Gymnocalycium uebelmannianum 106
91 Gymnocalycium castellanosii 107
92 Gymnocalycium ferrarii....................... 108

93 Gymnocalycium monvillei 109
94 Gymnocalycium mostii 110
95 Gymnocalycium oenanthemum 111
96 Gymnocalycium spegazzinii 112
97 Gymnocalycium saglionis 113
98 Gymnocalycium mihanovichii 114
99 Gymnocalycium quehlianum 115
100 Gymnocalycium ragonesei 116

Género Gymnocalycium............................ 117
  Subgénero Gymnocalycium 117
  Subgénero Macrosemineum 117
  Subgénero Microsemineum.................... 117
  Subgénero Muscosemineum.................. 117
  Subgénero Trichomosemineum............... 117

Cultivo... 118
  Cuando un cactus ingresa al cultivo........ 118
  Reproducción por semillas 118
  Por gajos o esquejes 120
  Por injertos 120
  Plagas y enfermedades 121
  Sustrato 122
  Riego 122
  Condiciones ambientales 123
  Conservación... 124

Glosario... 125
Bibliografía... 126